차마
신이 없다고
말하기 전에

IVP(InterVarsity Press)는
캠퍼스와 세상 속의 하나님 나라 운동을 지향하는
IVF(InterVarsity Christian Fellowship)의 출판부로
생각하는 그리스도인을 위한 문서 운동을 실천합니다.

차마
신이 없다고
말하기 전에

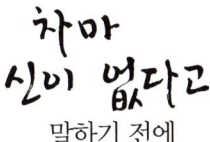

박영덕 지음

lvp

개정판 서문 7

초판 서문 9

1장 ... 차마 신이 없다고 말하기 전에 13

2장 ... 기독교를 멀리하는 열여섯 가지 이유 29

3장 ... 기독교의 참 모습 51

4장 ... 신이 있다는 두 가지 증거 87

5장 ... 구원을 향한 첫걸음 121

차례

개정판 서문

한 영혼이 어두움에서 벗어나 주님께 돌아오는 것, 그것은 너무나 기쁜 일입니다. 그 동안 이 책을 통해 진리를 알고 예수님께 나아온 사람들이 많았습니다. 예수님을 개인의 구세주요 주인으로 맞아들인다는 것이 결코 쉬운 일이 아님에도 불구하고, 많은 독자들이 이 책을 통해 믿음을 갖고 그리스도인이 되기로 결단했다는 소식을 전해 들었습니다. 또한 이미 신앙을 가진 성도들은 이 책을 읽고 자신의 구원 문제를 명확하게 정리할 수 있었고, 믿지 않는 사람들에게 기독교를 소개할 때도 이 책이 유용하게 사용되었다는 이야기들을 접했습니다. 성령님이 이 책을 사용해 주셔서 그저 감사할 뿐입니다.

그 동안 주은혜교회 성도와 아나톨레 목회자를 비롯한 많은 분들이 이 책에 대해 지속적인 관심을 가지고 좋은 말씀과 격려를 해 주셨습니다. 다만 책이 오래 전에 만들어져 부분적으로 첨가 보완할 부분이 있고 책의 디자인도 새롭게 할 필요가 있어 개정판을 내게 되었습니다.

바라기는 이 책이 짙은 어둠의 시대에 진리를 밝히는 귀한 도구로 계속 사용되고, 더 나아가 갈수록 위축되는 한국 교회에 복음 전도를 다시 일으키는 작은 불꽃이 되기를 기도합니다.

박영덕

초판 서문

네로 황제를 위시해 로마의 많은 황제들은 그리스도인들을 박해했습니다. 화형을 시키거나 맹수의 밥이 되도록 했습니다. 그러나 대부분의 그리스도인들은 차라리 죽음을 택할지언정 신앙을 버리지 않았습니다. 오히려 그 핍박하는 자들을 위해 기도하고 평안하게 순교했습니다.

제가 기독교에 매력을 느끼게 된 것은 바로 이 점 때문이었습니다. 이런 평안을 갖고 싶었습니다. 어릴 때부터 교회는 다녔지만 어떤 확신이나 평안은 없었습니다. 인생의 비탈길과 위험한 길을 가면서도 아무 의식이 없었고, 그저 무의미하게 하루하루를 지내는 것이 고작이었습니다. 사는 것이 공허했습니다.

그러다가 대학 시절에 그리스도를 새롭게 만났습니다. 긴 방황이 끝나고 지루하던 삶이 마무리되는 순간이었습니다. 밝고 찬란한 빛 안에서의 새 삶이 시작된 그 순간부터 이 사실을 다른 사람들에게 알리고 싶었습니다.

'예수 그리스도 그분 안에 참 좋은 삶이 있어요. 비로소 그분 안에서 만족을 느낄 수 있어요. 당신도 한번 이 진리에 마음을 열지 않으시겠어요? 외치고 싶고 떠들고 싶었습니다. 그러나 마음과는 달리 막상 모르는 사람들에게 이야기하려니 쑥스럽고 두려웠습니다. 한 보름쯤 그랬던 것 같습니다. 그런 후 저는 담대하게 그리스도를 소개할 수 있었습니다. 이 사람, 저 사람 매일 만나러 다녔습니다.

시간이 흐르면서, 차츰 한 사람이 이 신앙의 세계에 첫발을 디디기가 얼마나 힘든지를 알게 되었습니다. 입장을 바꿔 놓고 생각해 보니 그들이 주저하는 이유를 충분히 이해할 수 있었습니다. 지금까지 예수님을 모른 채 살았는데 어느 날 갑자기 "그분이 계시며 그분이 당신의 죄 때문에 십자가에서 죽었다", "그분 앞에 나아가면 당신도 죄를 용서받고 구원받을 수 있다"는 말을 들으면 얼마나 당혹스러울까요?

그래서 그런 사람들을 돕고 싶었습니다. 조금이라도 이 진리를 쉽게 설명하고 싶었습니다. 직접 만나 이야기를 하지 못하는 아쉬움은 있지만, 이 책을 통해서 빛으로 가까이 나갈 수 있기를 바랄 뿐입니다. 제가 만난 많은 대학생과 청년들은 믿고 나서 "기독교가 이런 종교인 줄은 단 한 번도 생각해 본 적이 없어요. 전에는 정말 몰랐어요"라고 이야기하곤 했습니다. 이 책이 많은 분들의 삶에 참으로 귀한 계기를 마련해 주었으면 하는 바람입니다.

이 책이 나오기까지 수고하신 분들께 감사를 드리고 싶습니다.

제 강의를 글로 옮기는 수고를 마다하지 않은 강구섭 형제에게 감사를 드립니다. 이 책이 나오도록 기도하면서 격려해 준 서울대 한국기독학생회(IVF)의 학생들과, IVF의 대학생 선교 사역을 위해서 지금껏 물심양면으로 후원하신 분들의 사랑을 고맙게 생각합니다. 헌신적으로 사역에 임하고 있는 IVF의 동료, 후배 간사님들과 한국의 영적 상황을 안타까워하면서 한국 교회가 새롭게 되기를 간구하는 아나톨레의 목사님, 강도사님, 전도사님들의 격려를 잊을 수 없습니다. 또한 이 책의 원고를 교열하며 조언을 해준 IVP의 편집진에도 감사를 드립니다. 무엇보다도 늘 사랑과 기도로 저를 키워주신 어머님과, 항상 말없이 저의 옆에서 힘이 되어 준 사랑하는 아내와, 바쁜 아빠를 위해 기도해 준 승주와 기택이를 기억하며, 진리를 찾고자 하는 모든 이들에게 이 책을 바칩니다.

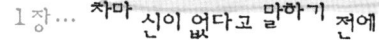
1장… 차마 신이 없다고 말하기 전에

실제로 유신론자나 무신론자는 모두
믿음을 가지고 있다. 신이 있다고 믿으면 유신론자가 되고,
신이 없다고 믿으면 무신론자가 된다.

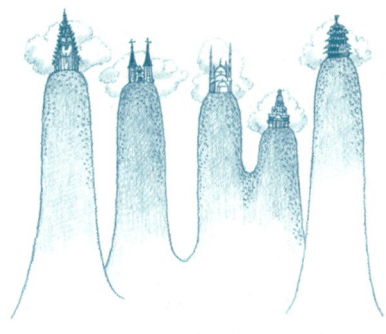

"당신은 어떻게 신이 있다고 믿으십니까? 나는 무신론자입니다" 라고 말하는 사람을 가끔 만난다. 그러나 생각해 보면, 그 무신론자 역시 어떤 믿음을 갖고 있기는 마찬가지다. 그 사람은 신이 없다는 믿음을 가지고 있는 것이다. 실제로 유신론자나 무신론자는 모두 믿음을 가지고 있다. 신이 있다고 믿으면 유신론자가 되고, 신이 없다고 믿으면 무신론자가 된다. 신의 존재에 관한 믿음의 문제에서는 이 두 가지 가능성 즉 신이 있다고 믿거나 없다고 믿는 것밖에 없다. 그 어떤 이론의 시작점도 그가 존재한다고 믿든지 아니면 그 반대든지 둘 중 하나다.

무신론자가 믿는 것

그러면 먼저 신이 없다는 입장을 생각해 보자. 어떻게 하면 신이 없다고 생각하며 일평생 지낼 수 있을까? 지금까지 그래 왔듯 생의 남은 기간에도 계속 신이 없다고 주장하려면 무엇을 믿어야 할까?

간단하다. 모든 것이 우연히 생겼다고 믿으면 된다. 온 우주, 태양계와 은하계를 포함하는 그 엄청난 우주가 우연히 생겨났다고 믿어야 하고, 따라서 우리가 살고 있는 지구상의 모든 것이 우연히 이루어졌다고 믿어야 한다. 누가 만들지 않았으니 저절로 생긴 것이다. 고래, 상어, 연체동물을 비롯한 바닷속 수많은 종류의 물고기들을 누가 만들었을까? 다 우연히 생긴 것이다. 제비의 주둥이, 독수리의 눈, 잠자리의 투명한 날개와 코끼리의 긴 코, 귀여운 강아지와 고양이, 포효하는 호랑이 등 모두가 우연히 생겼다고 확신한다면 우리는 무신론자가 될 수 있다.

그런데 이 모든 것(신기하고 아름다운 우주 만물)이 저절로 생겼다 할지라도, 나 자신, 이렇게 말하고 생각하는 나 자신이 우연히 만들어졌다고 믿을 수 있을까? 눈과 코와 입, 두뇌, 내장 기관, 신경계 등 인간의 복잡한 신체 구조가 우연히 생겼다고 믿기란 쉬운 일이 아니다. 아마 3년쯤 산 속에서 모든 삼라만상, 심지어 인간이라는 존재까지 저절로 생겼다고 스스로 세뇌시키지 않는 한 무신론자가 되기란 꽤 어려운 일일 것이다.

한 가지 예를 들어 보자.

어느 날 친구와 바닷가를 거닐던 나는, 마침 군사 작전 중인 잠수함이 바다 위로 떠오르는 모습을 보고 이렇게 말한다.

1장 차마 신이 없다고 말하기 전에

"저 잠수함은 외국의 어느 연구소에서 설계해 만든 것이라는데, 정말 터무니없는 말이야. 내가 잘 설명해 줄게. 바다에 철(Fe)의 성분이 있었어. 이 원소는 다른 어느 원소보다 무거웠지. 그래서 가라앉기 시작했어. 가라앉다 보니까 철끼리 뭉쳐졌고, 뭉쳐지다 보니까 큰 철판 덩어리가 되었어. 그러다가 바닷속의 여러 가지 현상으로 철판 이쪽저쪽에 구멍이 뚫리고 진화 작용으로 나사가 끼워졌지. 그리고 현대 과학으로 설명하기는 좀 어려운 현상인데, 잠수함 속에 갑자기 엔진이 생겼단다. 이 엔진의 발생에 대해선 앞으로 과학자들이 밝히겠지. 아무튼 이런 일련의 과정을 통해 저렇게 작전을 수행하는 잠수함이 저절로 생겨난 거야."

아마 이 말을 들은 친구는 나를 쳐다보면서 '이 친구가 드디어 돌았구나!'라고 생각할 것이다. 정상적인 사고가 가능한 사람이라면 잠수함이 우연히 만들어졌다는 말은 믿을 수 없다. 그런데 하물며 잠수함보다 몇 천 배, 몇 억 배 더 복잡한 구조를 지닌 생명체인 인간이 우연히 만들어졌다고 믿을 수 있을까? 어느 누구도 자신만만하게 '예'라고 대답하기 어려울 것이다.

그러므로 무신론자가 되기는 아주 어려운 일이다. 그래서 누군가는 신이 없다고 믿기가 어려우므로 신이 있음을 믿겠다고 할지 모르겠다. 그러나 이 역시 올바른 태도는 아니다. 우리는 신이 있다는 증거가 있을 때 믿어야 한다. 그런데 정말 신이 있다고 믿을 만한 증거가 있을까? 만약 그렇다면 믿으라. 단, 무조건 믿지는 말라. 그것이야말로 또 하나의 편견이 될 수 있기 때문이다.

그래서 많은 사람이, 신이 있다고 하기도 어렵고 없다고 하기도 쉽지 않아 그냥 회색 지대에 머물러 있다. 그러나 이 상태에서는 어떤 해답도 얻을 수 없고 모든 것이 불확실하기만 하다. 문제의 해결점을 찾아야 한다. 신의 존재 유무를 해결하지 않은 채 마음속 깊이 꾹 눌러 두거나 의식 너머로 몰아내 버려서는 안 된다. 분명 언제고 이 문제가 다시 제기될 것이기 때문이다.

미지의 신을 찾아서

이제 신이 있다는 입장에 대해 생각해 보자. 만일 신이 존재한다고 가정한다면, 그 신을 어떻게 알 수 있을까?

우리가 신을 알 수 있는 가능성은 두 가지 경우다. 하나는 우리가 그를 찾아가는 경우다. 찾아가서 그 신에 대해 알아보는 것이다. 또 다른 하나는 가만히 있는 우리에게 그 신이 다가오는 경우다. 신이 직접 꿈에 나타나든지, 음성을 들려주든지 해서 자신의 존재를 알려 주는 것이다. 전자를 '추구'라 하고 후자를 '계시'라 하는데, 신을 알기 위해서는 이 두 가지 경우 외에 다른 방도가 없다.

그런데 이 두 번째 경우는 신이 자신을 나타낼 의도가 있을 때만 가능하다. 신이 존재한다 하더라도 그 신이 자신을 나타낼 의도가 없다면 우리는 그를 알 수 없다는 말이다. 우리가 신을 찾아다니다가 어딘가에 숨어 있는 신을 발견하고 "이제 그만 나오세요"라고 말해야 한다면, 그는 더 이상 신이 아니다(여기서 우리가 말하는 신은 우주 만물을 만들고 인간을 만들었으며 인간의 삶과 죽음을 주관하는 존재, 그래서 인간보다 뛰어난 전지전능한 존재를 의미한다). 그가 우리를 만든 참된 신이라면 자신을 나타낼 의사 또한 당연히 있어야 한다. 신이 그런 의도를 보이지 않으면 우리는 도무지 그 신을 알 수 없다.

현재 지구상에는 수천만 가지의 종교가 있고 제각기 자기 종교에 참 신이 있다고 주장한다. 과연 어느 종교에서 참된 신을 만날 수 있을까? 만일 이 세상에 종교가 하나만 있다면 그것에 대해 알아보다가 믿어지지 않으면 신이 없다고 결론내리면 된다. 그런데

차마 신이 없다고 말하기 전에 20

이 세상에는 많은 종교가 있다. 가령 3천만 개 이상의 종교가 있다고 하자. 이런 상황에서 어느 것이 올바른 진리인지 어떻게 구별할 수 있을까? 모두 다 진리인가? 그 중 어떤 것 하나만이 진리인가? 아니면 일부는 진리이고 나머지는 진리가 아닌가? 어떤 기준으로 그렇게 결론지을 수 있을까?

가장 좋은 방법은 모든 종교를 전부 다 알아보는 것이다. 우선 일주일에 한 종교씩 살펴본다면 1년에 50개 정도를 알아볼 수 있을 것이다. 20세 성인의 남은 인생을 대략 60년 정도로 볼 때, 한 개인이 평생 탐구할 수 있는 종교 수는 3,000개 정도밖에 안 된다. 만일 그 과정에 우리가 찾던 신을 만나면 다행이지만, 그럴 확률은 만 분의 일밖에 안 된다. 따라서 우리는 다른 방법으로 이 문제에 접근해야 한다.

신이 자신을 나타낼 의도가 있다면 어느 종교를 통해 자신을 계시하였을까? 아마 모든 사람이 쉽게 접할 수 있는 세계적인 큰 종교를 통해 자신을 계시하지 않았을까? 만일 그렇지 않다면 신이 자신을 나타낼 의도가 없다고 보아도 무방할 것이다.

예를 들어 아프리카 밀림 원주민 30여 명 정도가 믿는 '우칸투'교라는 종교가 있다고 하자. 우리는 죽은 다음에야 그것이 참 종교

였음을 알게 된다. 그 때 신이 나타나서 "왜 너는 나를 안 믿었느냐?" 묻는다면, 우리는 "신이시여, 우리가 어떻게 '우칸투'교가 있었는지 알 수 있었겠습니까?"라고 대답할 수밖에 없다. 그 종교가 참 종교라서 아프리카 부락의 30명 정도만 구원받았다면, 신이 애당초 자신을 나타낼 의도가 없었다고 보아야 한다.

그러므로 일단 세계의 5대 종교부터 알아보라. 거기서 신을 발견하면 다행이고, 그렇지 않다면 포기하라. 세계 5대 종교에서 참 신을 발견하지 못한다면, 더 이상 종교 문제를 거론하지 않아도 좋다. 신이 자기 자신을 나타낼 의도가 전혀 없는데 우리가 그를 어떻게 만날 수 있겠는가? 설령 찾아가더라도 그 신이 만나 주기나 하겠는가?

이제 세계의 5대 종교인 불교와 유교, 기독교, 힌두교, 이슬람교를 살펴보자.*

---

*세계의 종교들을 알기 원하면 프릿츠 리데나워의 「무엇이 다른가」와 노먼 앤더슨의 「세계의 종교들」(이상 생명의말씀사)을 읽어 보라.

:: 불교

석가의 가르침의 최고 목표는 욕망을 근절하여 열반에 드는 일이다. 그 방법으로 8정도(八正道)를 제시하는데, 이 8정도를 따르는 사람은 모두 열반에 들어 윤회의 부단한 순환으로부터 자유롭게 된다고 한다. 불교의 중요한 특징은 이 땅의 현실적 삶에서 도피하여 이 세상의 고통을 피하고자 한다는 점이다.

그런데 일반적인 종교 창시자와 달리 석가는 스스로 자신의 신성을 선언하지 않았다. 그는 인도의 왕자로 태어난 한 인간이었고, 사실 신에 관한 한 불가지론자였다. 궁극적으로 불교는 무신론이므로 이 종교에서는 신을 발견할 수 없다. 석가모니는 훌륭한 가르침을 베풀었지만, 자신을 이 땅에 있게 한 존재에 대해서는 언급하지 않았다. 따라서 불교를 통해 마음의 위안을 얻을 수 있을지는 몰라도 우리를 이 땅에 태어나게 한 존재, 운명을 결정하는 존재를 발견할 수는 없다.

:: 유교

유교는 철학이다. 공자는 생의 마지막 순간까지 신을 갈망했지만 결국 그 신을 알지 못했다. 운명하는 순간에도 '침묵하는 신'에 대해 언급했을 뿐이다. 유교는 그 가르침을 따르는 사람들에게 예의바르고 교양 있는 인격자가 될 수 있는 철학이나 윤리를 제공할지 모르지만, 신에 대해서는 아무런 답도 주지 않는다.

:: 기독교

기독교는 처음부터 신에 대해 언급하는 유신론이다. "태초에 하나님이 천지를 창조하셨다"(창세기 1:1). 기독교는 시작부터 신에 대해 분명하게 밝히고 있다. 인간과 동식물을 포함한 천지 만물을 하나님이 창조했다고 주장한다. 사람들이 받아들이든 받아들이지 않든, 기독교는 하나님의 존재를 인정하고 선포한다. 이렇게 기독교는 신에 대해 분명하게 언급하므로, 우리는 그것이 사실인지 아닌지 일단 탐구해 본 후 결정할 수 있는 기회를 가질 수 있다.

::힌두교

자아를 육체적 욕망에서 해방시켜 세상 혼과 합치시키고 윤회를 피하여 무한 세계에 이르는 것을 목표로 하는 힌두교는, 기원전 2000년경에 형성된 범신론이다. 즉 힌두교의 신은 유대교나 기독교에서 말하는 우주의 창조자라기보다 창조물 전체와 동일시된다. 힌두교는 영원한 존재나 실체를 일컫는 브라만을 추구하는데, 창조의 신인 이 브라만은 인간의 형태로 온 존재로서 예수와 석가, 크리슈나도 브라만의 화신이라고 믿는다. 한편 브라만 신을 인간 속에서 찾을 수 있다고, 즉 인간이 신이 될 수도 있다고 주장하는 힌두교 교리는 범신론적 관점에서 모두가 신이 될 수 있음을 의미한다.

::이슬람교

무슬림들이 믿는 알라는 절대유일하고 전지전능한 천지만물의 창조자, 지배자다. 알라가 유일하다는 것은 그 본질이 인간의 인지 능력을 넘어서고 피조물과의 비교를 거부하는 초월신이라는 뜻이다. 그 알라가 무함마드를 최후의 예언자로 보내 인간이 지킬 규범과 신조를 계시하였다. 무슬림은 최후의 종말을 믿는데, 이 최후의 심판 때 알라를 믿고 그 신조와 규범을 따른 자들은 부활하여 천국에서 평안한 생활을 하지만, 그렇지 못한 자들은 영원한 심판의 형벌을 받을 것이라고 믿는다. 즉 죽은 자들은 선하거나 악한 행위에 따른 보응을 받아 천국과 심판의 생활로 나뉜다는 것이다. 그런데 무슬림들은 평생 살면서 자신의 행동이 구원에 이르는 분량이 되는지 안 되는지 알지 못한다. 그래서 평생 이슬람의 율법과 규범을 준수하고자 부단히 노력한다. 율법주의 즉 행위를 통해서 구원을 얻는 종교는 율법이 정한 행위를 행할 때 위안을 주기 때문에 인간을 끊임없이 행위와 규범의 노예로 만든다. 결론적으로 이슬람은 율법을 지켜야 구원받는 유신론 종교다. 그러나 이슬람교의 유신론은 기독교와는 상이한 유신론이다.

이 세계적인 5대 종교 외에도 수많은 종교들이 있으며 신에 대한 언급 또한 수없이 많다. 알려고 하면 끝이 없고, 또 앞에서 말한 것처럼 죽을 때까지 찾아보아도 참 신을 만날 확률은 1만 분의 일도 되지 않는다. 따라서 세계적인 대종교를 통해 신의 존재 여부를

1장 차마 신이 없다고 말하기 전에 27

확인하지 못한다면 차라리 포기하는 것이 현명할지도 모르겠다. 이제 유신론의 입장을 분명히 밝힌 기독교를 통해 신에 대해 알아보도록 하자(지금까지의 흐름을 충분히 이해하지 못했어도 괜찮다. 그만두지 말고 새로운 마음으로 시작해 보자).

다음 장에서는, 우선 기독교를 설명하기 전에 먼저 기독교를 이해하는 데 장애가 되는 요인부터 살펴보겠다.

2장... 기독교를 멀리하는 열여섯 가지 이유

당신이 기독교를 믿지 않는다면 그 이유는 무엇인가?
아마 기독교에 대해서 한 번도
제대로 소개받아 본 적이 없었기 때문일지도 모른다.

당신이 기독교를 믿지 않는다면 그 이유는 무엇인가? 아마 기독교에 대해서 한 번도 제대로 소개받아 본 적이 없었기 때문일지도 모른다. 게다가 다음에 소개하는 여러 가지 이유 때문에 기독교에 대해 자세히 알아볼 마음이 생기지 않았을 것이다. 최근에 그리스도인이 된 사람들의 한결같은 이야기는, 여러 가지 오해에 가려 정작 기독교가 가르치는 진짜 내용을 알지 못했다는 것이다. 그래서 기독교의 교리를 소개하기에 앞서 몇 가지 오해되는 요소들을 정리하는 것이 좋겠다.

1. 예정된 사람이라면 교회에 나가지 않아도 구원받을 것이 아닌가?

이 질문의 역사는 꽤 오래된 편이다. '예정되었다면 교회에 나가지 않아도 구원받을 것이고, 예정되지 않았다면 아무리 교회에 나가도 구원받지 못할 것이 아닌가?'

그러나 이런 질문을 하는 사람은 기독교 예정론을 숙명론으로 잘못 알고 있다. 동양 종교에서 말하는 숙명론은 인간의 의지가 개입할 여지가 없지만, 기독교의 예정론은 '한 죄인이 어떻게 천국 백성이 될 수 있는지'를 알려 주며, 그 과정에서 인간이 스스로 결단해 믿어야 하는 의지적 결정을 촉구한다. 그리고 그 결단에 따라 영원한 심판과 생명이 결정됨을 알려 준다. 그러므로 '예정되었다면 교회에 나가지 않아도 구원을 받지 않겠느냐?'는 질문은 기독교의 '예정'의 의미에 대한 오해에서 비롯된 것이다.

2. 하나님이 계시다면 왜 악인을 그대로 두는가?

"하나님이 계시다면 어떻게 저런 나쁜 놈들을 그대로 두시는가?" 하나님이 이 말을 듣고 "그러면 좋다. 네 말대로 하겠다. 오늘 자정을 기해서 나쁜 놈들을 모두 죽이겠다"고 말씀하셨다고 하자. 드디어 자정이 되었다. 그러면 "나쁜 놈들을 왜 그냥 두십니까?"라고 질문했던 그 사람은 어떻게 되었을까?

그 사람 역시 죽을 수밖에 없다. 우리 인간은 상대적인 시각으로 선악을 판별하지만 하나님은 절대적인 시각으로 보신다. 하나님이 보실 때는, 그렇게 질문한 사람 역시 나쁜 사람에 속한다. 비록 다른 사람에 비해 상대적으로 선한 점이 있을지 몰라도 절대자 신 앞에서는 부족하기 마련이다. 비록 큰 죄를 지은 적이 없다고 항변할지라도, 거짓말하거나 남을 미워한 적이 없다고는 말할 수 없을 것이다. 교양 있고 점잖은 사람이라 할지라도 남을 미워했던 경험, 그리고 시기심과 욕심이 마음에 솟아올랐던 순간을 부인할 수 없을 것이다. 하나님은 마음속에 있는 악한 생각도 다 보신다. 그렇다면 이 질문은 이렇게 바꿀 수 있을 것이다. "하나님이 계시다면 왜 나를 가만히 두실까?"

그와는 반대되는 질문이 있다. 대학교 때 같은 과 학생에게 예수님에 대해 이야기하자 그는 "하나님은 사랑이신데 왜 소돔과 고모라 사람들을 태워 죽였나요?"라고 되물었다. 그것은 당시 소돔과 고모라 사람들은 너무나 악한 족속들이었기 때문이었다. 무자비하게 사람의 목숨을 경시하고 폭력을 휘두르며 성적 음란에 빠져 있던 사람들에게 공의의 하나님은 벌을 주실 수밖에 없었다. 성경은 앞으로 마지막 때에 심판이 있을 것을 경고한다. 당장은 나쁜 짓 하며 악을 일삼는 사람들이 잘 먹고 잘 사는 것 같지만, 언젠가 하나님이 그들을 심판하실 것이다. 다만 하나님이 악인들도 사랑하시기 때문에 현재 참고 계신 것뿐이다.

더 생각해야 할 점은, 우리가 낙원에서 추방당한 곳에 살고 있기 때문에 악은 없어지지 않는다는 사실이다. 이 땅에 사탄의 활동이 지속되는 한 악인은 계속 존재할 수밖에 없다.

3. 진화냐 창조냐?

생명의 기원에 대하여는 크게 진화론과 창조론의 두 가지 견해가 있다. 진화론은 오랜 시간의 역사 속에서 원소들이 우연히 결합하여 단세포 생물이 되고 이것이 진화하여 현재의 다양한 생명체들이 되었다는 주장이고, 창조론은 창조주에 의해 처음부터 다양한 생물들이 종류별로 단시간에 창조되었다는 주장이다. 진화론은 적어도 다음의 일곱 가지 가정을 설정한다.

첫째, 무생명체가 우연히 생명체로 나타났다. 둘째, 그 자연 발생이 오직 한 번만 있었다. 셋째, 바이러스와 박테리아, 식물과 동물이 모두 상호 관련이 있다. 넷째, 원생동물이 후생동물을 만들어낸다. 다섯째, 각종 무척추동물은 상호 관련이 있다. 여섯째, 무척추동물에서 척추동물이 나온다. 일곱째, 척추동물과 어류에서 양서류가 나오고, 양서류에서 파충류가, 파충류에서 조류와 포유류가 나왔다(다른 말로, 양서류나 파충류가 원래 같은 근원에서 나왔다).

이 일곱 가지 가정을 다 인정할 때 진화론이 가능해진다. 그러나 이 일곱 가지 가정의 실험적 증명은 불가능하다. 추측할 수 있으나 증명할 수는 없다. 진화론자는 어떤 일련의 사건이 과거에 일어났다고 가정하지만, 현재 조건에서 이런 것이 비슷하게 나타난다고 해도, 그것이 반드시 과거에 발생했음을 뜻하지는 않는다. 결국 이것은 소망 사항이며 근거가 불확실한 믿음일 뿐이다.

생물학이 시작된 이래 생명체의 자연 발생은 결코 관찰된 적이 없다. 실험실에서 물질로부터 생명체를 합성하겠다는 실험은 계속 시도되고 있지만, 지금의 과학으로서는 거의 불가능한 이야기다. 생명체가 우연히 발생할 수 있는 확률은 과학적으로 영(제로)에 가깝기 때문에 만일 생명체가 만들어졌다면 그것은 누군가가 세밀하게 간섭하여 만든 것이며, 결국 생명의 근원이 되는 존재 없이는 이를 설명할 수 있는 다른 방법이 없기 때문이다.

진화론을 옹호하는 사람들은 자신들의 주장이 과학적이고, 창조론은 비과학적이며 맹목적인 신앙의 문제에 불과한 것이라고 말한다. 그들은 창조와 진화의 문제에 관한 한 과학과 신앙은 서로 양립할 수 없는 관계에 있다는 전제를 갖고 과학이 우월하고 합리적임을 주장한다. 하지만 분명한 것은 생명의 기원 문제는 엄밀한 의미에서 과학적 영역의 문제가 아니라 신앙적 영역의 문제라고 할 수 있다. 다시 말해 창조론과 진화론 논쟁은 유신론이냐 무신론이냐의 문제라 할 수 있다.

이 문제에 관해서는 여러 관련된 책들이 많이 나와 있으므로 참조하면 자세히 알 수 있다.*

4. 교회 나가는 나쁜 사람과, 교회에 나가지는 않지만 착한 사람 중 누가 구원을 받겠는가?

이 질문에는 '기독교는 선한 사람이 구원받는 종교'라는 전제가 깔려 있다. 그러나 기독교는 선한 사람에게 구원을 준다고 약속한 적이 없다. 오히려 '죄인'이 구원받는 것이 기독교의 핵심이다. 그러므로 이 질문은 기독교의 핵심을 정반대로 이해한 질문이다. 나중에 더 자세히 언급하겠지만 기독교는 죄인이 구원받는 종교다. 이것 때문에 기독교를 믿기가 더욱 힘든 것이다. 정상적인 이성으로는 납득하기 어렵기 때문이다. 선한 사람이 구원을 받아야 어떻게 악한 사람이 구원받을 수 있는가? 세상에 이런 엉터리 종교가

---

* 헨리 모리스, 「진화론과 현대 기독교」(생명의말씀사), 「과학과 성경」(크리스챤월드), 폴 리틀, 「이래서 믿는다」(생명의말씀사) 9장 "과학과 성경은 어긋나는가?", R. W. 아트만, 「성경, 자연과학, 진화론」(개혁주의신행협회), 리 스트로벨, 「창조 설계의 비밀」(두란노), 듀안 기쉬, 「놀라운 창조 이야기」(국민일보), 임번삼, 「창조과학원론」(한국창조과학회), 「기원과학」(한국창조과학회/두란노), 창조과학회(www.kacr.or.kr) 논문 및 강의 등을 참고하라.

어디 있는가?

예를 들어 어떤 사람이 이미 결핵 2기에 접어들어 거의 다 죽어 가고 있다. 그런데 다른 한 사람은 결핵 1기여서 그보다 좀 나은 형편이다. 결핵 2기인 환자는 각혈을 하는 등 증세가 심해 병원에 다니지만, 결핵 1기인 사람은 아직 괜찮아 병원에 가지 않는다. 그러나 나중에 어떤 결과가 발생할까? 병원에 다니며 치료받은 환자는 병이 나을 수 있지만, 괜찮다고 생각해서 병원에 가지 않은 사람은 오히려 병세가 악화되어 죽게 된다.

이처럼 위의 질문은 교회 나가는 나쁜 사람과 교회 나가지 않는 착한 사람을 상정하여 상대적인 관점에서 비교하고 있다. 물론 교회를 다니면서도 이기적이고 남을 배려하지 않는 얌체 같은 사람이 있다. 또 교회 다니지 않지만 선을 베풀며 친절한 사람이 있다. 그러나 우리가 생각하는 착한 사람, 나쁜 사람의 기준은 지극히 상대적이다. 우리끼리 잴 때 그 차이는 엄청나 보이지만 하나님이 보실 때는 다 마찬가지다.

다른 예를 들어 보겠다. 어느 날 도토리 세계에 갑자기 큰 도토리가 등장했다. 그 도토리는 보통의 도토리보다 무려 1.5배나 커 도토리 세계에서 영웅이 되었다. 모든 도토리는 그에게 존경을 표했

차마 신이 없다고 말하기 전에 38

고, 그가 외부의 모든 공격을 막아 줄 능력을 가졌음을 아무도 의심하지 않았다. 그러나 다른 도토리에게 신적 존재였던 그 역시 다람쥐의 밥이며 사람들 보기에 한낱 작은 도토리일 뿐이다. 우리가 보기에 대단한 사람이라도 하나님 앞에서는 큰 차이가 없다.

만일 기독교가 선한 사람을 구원하는 종교라면, 오히려 하나님은 불공평한 분이 된다. 모든 인간을 심판하는 날, 선한 사람은 구원을 받고 악한 사람은 다 지옥에 간다면 어떤 일이 벌어질까? 아마 악한 사람들이 모두 모여 시위를 할 것이다.

"하나님은 불공평하다! 우린 너무 억울하다!"

하나님이 물으신다.

"이 악당들아, 무엇이 불공평하다고 시위를 하느냐? 너희들이 시위할 자격이나 있느냐?"

그 때 악당 대표가 나와서 말한다.

"하나님도 한번 생각해 보십시오. 저 구원받은 무리에 있는 사람들처럼 나도 좋은 가정에서 태어나 제대로 교육받고 좋은 회사에 들어가 돈을 잘 벌었다면 이렇게 되지 않았을 겁니다. 태어나 보니 아빠는 깡패고 엄마도 행실이 별로 좋지 않은 사람이었지요. 걸핏하면 싸우고 욕하기가 일쑤였어요. 어릴 때부터 그런 환경에서 자라다가 부모님이 헤어지는 바람에 저는 혼자 떠돌이 생활을 하게 되었습니다. 그러는 중에 비슷한 처지의 여자를 만나 결혼을 하게 되었어요. 아내가 임신을 했는데 수술해서 애기를 낳아야 해서 돈이 필요했지요. 고민하던 중에 마침 은행 앞을 지나다가 출금하고 나오는 사람의 돈을 빼앗았어요. 한방 먹이고 도망가다가 그만 재수 없게 붙잡혀서 감옥에 들어갔답니다. 감옥에 들어가서 다시는 죄짓지 않을 결심을 했건만 사회에 나와 보니 전과자라 취직도 할 수 없어 또 남의 돈을 훔치게 되고…. 그러다 보니 전과 2범, 3범이 되었습니다. 아이들은 자꾸 커 가고, 한탕하고 손을 씻어야지 하다가 오늘날 이 모양이 되고 말았습니다. 정말 내 처지가 원망스럽습니다."

하나님이 만일 선한 사람에게만 구원을 허락하신다면 그것은 정말 불공평한 일이다. 악한 사람이 된 요인 중에 환경적인 요소를 무시할 수 없기 때문이다.

5. 모든 종교는 다 마찬가지다

이는 보통 도교에서 주장하는 이론으로, 다섯 손가락이 모두 다른 것 같지만 손 하나에 붙어 있어 결국 한 손이라는 식의 견해다. 모로 가도 서울만 가면 되지 않느냐는 것이다. 이 말은 반은 맞고 반은 틀렸다고 볼 수 있다. 사람을 좀더 선하게 하고 인생에 더 큰 의미를 가져다준다는 면에서 모든 종교는 마찬가지다. 그러나 지금 우리가 생각하는 궁극적인 문제(나를 만든 이가 누구이며, 나의 인생의 목적이 무엇인가? 내가 어디서 와서 어디로 가는가?)를 해결하려는 목적에서 볼 때는 종교마다 주장하는 바가 전혀 다른데 어떻게 마찬가지일 수 있을까? 기독교만 보더라도 '다른 종교에는 구원이 없다'고 이미 선언하고 있는데 말이다.

6. 인간이 연약해서 신을 만들었다

이 말은 '애당초 신은 없다'고 믿는 무신론의 입장에서 출발한다. 그렇다면 '신이 없음을 어떻게 확신하는가?'라는 질문으로 다시 돌아가야 한다. 따라서 이 주장을 펼치기 위해서는 신이 없다는 증거부터 찾아야 한다.

7. 신의 존재는 믿겠는데 왜 그분이 꼭 기독교의 하나님인가?

다시 원래의 질문으로 돌아갈 수밖에 없다. '당신은 어떻게 신의 존재를 믿게 되었는가? 그분을 보았는가? 음성을 들었는가?' 막연한 확신은 곤란하다. 정말 그분을 만났다면, 그분이 누구인지 왜 물어보는 걸까?

8. 기독교는 서양 종교다

오히려 기독교는 동양 종교다. 동양에서 발생한 기독교가 차츰 서양으로 전해졌다가 다시 우리나라를 포함한 동양으로 전해진 것이다. 중요한 것은 그것이 참 진리인가 여부이지, 그 발생지가 아니다.

9. 그리스도인 친구의 생활이 좋지 않다

기독교는 병원 같은 곳이다. 병원에서 환자를 고치듯이 교회는 죄인들을 모아 놓고 순화시키는 곳이기 때문에 교회 안에는 아직 인격이 덜 성숙한 사람들이 있다. 그들이 교회에서 나쁜 생활을 배운 것이 아니라, 이미 죄의 습관에 깊이 물들어 있다가 교회에 온

2장 기독교를 멀리하는 열여섯 가지 이유 43

후에도 여전히 덜 고쳐진 것이다. 충분한 교정이 이루어지려면 좀 더 시간이 필요하다. 그러나 교회에는 그런 부족한 사람도 있지만 존경할 만한 사람도 함께 있음을 간과해서는 안 된다. 만일 자신이 그리스도인이 된다면 그런 말을 듣지 않도록 노력해야 할 것이다.

10. 죄가 너무 많아 지금은 교회에 나가지 못하지만 차차 정리되면 나가겠다

"나는 지금 간이 나쁘고 신장, 폐도 좋지 않다. 고혈압과 당뇨 등 온 몸에 병이 있으므로 당장 병원에 가지는 못하지만 몸이 어느 정도 나으면 병원에 가겠다"는 말과 같다. 몸이 아프면 빨리 병원에 가서 치료를 받아야 한다. 그와 마찬가지로 교회는 성령 하나님이 죄인들을 치료하는 곳이다. 어떤 이는 기독교가 오히려 사람들에게 실망과 절망을 준다고 말한다. 죄인인 인간에게 너무 높은 수준의 삶을 요구하므로 사람들을 좌절시킨다는 것이다. 그러나 그는 우리의 약함을 도와 의롭게 살 수 있도록 도우시는 성령 하나님이 계시다는 사실을 모르고 있는 것이다.

11. 술, 담배를 끊어야 하기 때문에 교회에 못 나가겠다

술, 담배가 기독교를 받아들일 수 없는 진정한 이유라면 술, 담배를 계속 하면서라도 우선 교회에 나가라. 나는 금주가 협회 회원이 되어 술을 끊으라고 권면하고 싶지 않다. 당신이 예수님을 믿고 구원받기를 원하지, 궁극적으로 술, 담배를 끊는 것을 원하지 않는다. 나도 이전에 술을 마셨지만, 주님을 믿은 후 단정한 생활을 하겠다고 결심하면서 술을 끊었다. 물론 누가 끊으라고 해서 끊은 것이 아니다. 신앙을 갖고 나니 '어떻게 하면 하나님을 기쁘시게 할까?'라는 생각이 들어 스스로 술 마시는 일을 그만두었을 뿐이다. 예수님을 믿은 후 단정한 생활을 하려는 마음이 생길 때 술, 담배 문제를 생각해도 늦지 않는다.

12. 왜 선악과를 만들었나?

기독교를 믿지 않는 사람들 중에 이 질문을 하지 않는 사람이 거의 없다. 이 문제는 간단하게 답하기가 쉽지 않은데, 적어도 다음 두 가지가 전제되어야 한다. 첫째 하나님이 계신지를 알고, 둘째 그가 계시다면 그분의 성품이 어떠한지를 알 때 이 문제에 대한 설명이 가능하다.

결론부터 말한다면, 살아 계신 하나님이 인간에게 자발적 의지를 주시는 기준으로 선악과가 '필연적으로' 사용되었다. 이 부분은 3장에서 기독교를 설명할 때 자세히 다루도록 하겠다.

13. 우리나라에 복음이 들어오기 전의 사람들은 어떻게 되었는가?

이순신 장군이나 강감찬 장군은 구원받을 수 있을까? 내 답은 "잘 모른다"다. 로마서 2장에 양심에 따른 심판이 있다는 말씀이 있다. 그러나 이것은 양심대로 살면 구원을 받는다는 뜻이 아니라, 인간은 양심대로 살지 못한다는 고발적 의미가 강한 말씀이다. 복음이 들어오기 전에 살았던 사람들의 구원 문제는 하나님이 해결하실 일이며, 우리는 다만 하나님이 선하고 공평한 분이므로 알아서 적절하고 공평하게 처리할 것을 믿을 따름이다. 분명한 사실은, 현재 우리 모두에게 복음을 통한 구원의 기회가 있음에도 복음을 받아들이지 않는 사람은 구원을 받지 못한다는 사실이다. 그러므로 구원의 방법이 분명하게 알려진 이상, 이제 옛 선조들의 구원 문제에 대한 관심보다는 자신의 구원 문제에 더 신경 써야 할 것이다.

14. 성경이 하나님의 말씀인가?

당장은 성경이 하나님의 말씀인지 아닌지 알 필요가 없다. 우선 예수 그리스도가 역사적 인물인지 살펴보아야 한다. 예수가 역사적 인물임을 알고 그의 주장과 삶, 죽음, 부활을 연구해 보면 그가 하나님의 아들인 것을 받아들일 수 있게 된다. 그리고 일단 예수 그리스도를 받아들이면 성경이 하나님의 말씀인 것을 알게 된다. 왜냐하면 예수님이 성경을 하나님의 말씀으로 인정했기 때문이다.

15. 기독교의 하나님이 참 신이라고 해도 왜 내가 꼭 기독교를 믿어야 하는가?

예를 들어, 어떤 사람이 어릴 때 부모와 헤어졌다고 하자. 오랜 세월이 흐른 어느 날 텔레비전에서 부모님이 자기 이름을 부르며 찾는 모습을 보았다면 어떻게 하겠는가? 당장 그 부모님을 만나러 방송국으로 달려가지 않겠는가? 마찬가지로 당신을 지으신 분이 바로 하나님이시라면, 당신을 위해 십자가에서 피 흘려 죽은 존귀하신 분이 지금 당신을 부르고 있다면 당신은 어떤 결정을 내리겠는가? 여전히 하나님을 외면하고 살아가겠는가?

16. 죽기 바로 전에 믿겠다

이 말의 책임은 먼저 교회에 다니는 사람에게 있다. 교인들 중에 기쁨 없이 무의미하게 습관처럼 신앙 생활을 하는 사람이 있다. 그 교인을 바라보는 외부 사람들은 당연히 기독교에 대해 '아, 기독교란 저렇게 지겹고 재미없는 것이구나'라고 생각할 것이다. 그렇다면 무엇 때문에 지금부터 기독교를 믿겠는가? 실컷 놀다가 죽기 바로 전에 믿으면 되지 않겠는가? 그야말로 '꿩 먹고 알 먹는' 셈이다. 그러나 기독교는 결코 우리의 즐거움을 빼앗아 가는 금욕적 종교가 아니다. 오히려 곤고하던 인생에 기쁨과 환희를 가져다주며 소망을 부여하는 종교다. 행복한 결혼을 20대나 30대에 해야지, 왜 꼭 70대에 하려고 하겠는가? 결혼이 괴로운 것이라면 할 수 없겠지만 결혼은 축복이며 큰 기쁨이기 때문에 젊은 날에 하는 것이 행복하다. 마찬가지로 정상적인 신앙 생활은 행복한 것이기에 믿을 마음이 있다면 하루라도 빨리 믿는 것이 좋다.

이런 여러 가지 이유로 지금까지 몇 십 년 동안 기독교와 거리를 둔 채 굳건하게 버티어 온 사람들이 있다. 여러 장애 요소들이 앞을 꽉 가로막고 있기 때문에 한 번도 기독교를 제대로 알 기회를 갖지 못한 것이다. 문이 아닌 벽으로 들어가려 하다 기독교 안으로 들어갈 수 없었고 기독교를 받아들이기 힘들었던 것이다. 그들에게 기독교는 언제나 공개된 비밀이었다. 문으로 들어가라. 기독교의 문은 예수 그리스도의 역사적 부활 사건이다. 이제 다음 장부터는 기독교에 대해 본격적으로 소개하겠다.

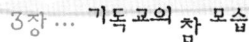

기독교는 '하나님이 존재한다'는 사실에서 시작한다.
그분은 온 우주를 지으신 창조주다.
태양과 지구, 인간과 동식물 등 모든 것을 지으시고
인간을 만물의 으뜸으로 삼으셨다.

하나님에 대하여

기독교는 '하나님이 존재한다'는 사실에서 시작한다. 그분은 온 우주를 지으신 창조주다. 태양과 지구, 인간과 동식물 등 모든 것을 지으시고 인간을 만물의 으뜸으로 삼으셨다. 하나님이 인간을 만드셨기 때문에 우리 인간이 하나님을 떠나면 파멸을 초래할 뿐이다. 다섯 살배기 아이가 자기를 낳아 준 부모의 품을 벗어나려고 가출한 것과 마찬가지다. 그 아이가 부모 없이 어떻게 살아가겠는가? 생존할 수 있을지는 모르지만 진정한 삶을 영위해 나갈 수는 없다. 아이에게는 진정으로 사랑하며 키워 줄 부모가 필요하다.

그런데 부모의 사랑이 끝이 없다고 하지만 인간의 사랑은 조건적인 경우가 많다. 그러나 하나님의 사랑은 아가페적 사랑이다. '그럼에도 불구하고' 식의 사랑이다. 하나님은 인간이 형편없는 존재임에도 불구하고 인간을 무척 사랑하신다. 인간에게도 모성애와 같은 사랑이 있지만, 하나님의 사랑은 그것과 비교할 수 없을 만큼 완전한 사랑이다. 이런 사랑의 하나님이 인간을 만드셨다. 인간을 창조한 가장 큰 목적은 바로 사랑 어린 교제를 나누기 위해서다.

차마 신이 없다고 말하기 전에   54

하나님은 인간을 생각하는 존재로 만드시고 자유 의지를 부여하셨다. 따라서 인간은 어떤 일을 할 수도 있고 하지 않을 수도 있는 자유를 갖고 있다. 동시에 인간은 자신이 한 일에 책임을 져야 한다. 그래서 하나님은 선악과를 일종의 기준으로 삼으셨다. 책임 있는 존재인 인간은 선악과를 따 먹을 수도 있었고, 따 먹지 않을 수도 있었다. 선악과를 따 먹는다는 것은 "하지 말라"는 하나님의 말씀을 듣지 않겠다는 결정이고, 따 먹지 않는 것은 계속해서 하나님의 말씀을 듣겠다는 순종의 표시였다.

만약 선악과 대신 "태양을 만지지 말라"는 기준을 주셨다면, 이것은 오직 복종할 수밖에 없는 조건이었을 것이다. 어떻게 인간이 태양을 만질 수 있는가? 겉으로는 자유를 준 듯하지만 실제로는 복종만 요구한 것이다. 반면에 "너는 아무것도 먹어서는 안 된다"라고 말씀하셨다면 이는 지킬 수 없는 명령이다. '어차피 먹고 죽으나, 먹지 않고 죽으나 마찬가지니 이왕이면 실컷 먹고 죽자'는 태도로 명령을 어기고 먹을 것이다. 그렇다면 그것은 거역할 수밖에 없는 인간을 만들어 내는 명령이 되는 것이다.

하나님은 그런 방식으로 인간에게 명령하지 않으셨다. 에덴 동산에 있는 모든 나무의 열매를 다 먹을 수 있다는 전제를 두고, 한 나무 열매만 먹지 말라고 하셨다. 하나의 기준을 정해 놓고 만일 불순종하여 어길 때에는 반드시 죽을 것이라고 말씀하셨다. 이 말은 부모가 아이에게 "날 잃어버리면 안 되니까 내 손을 꼭 붙잡아. 놓치면 큰일 난다" 하는 것과 마찬가지다. 사랑의 하나님은 우리의 아버지로서, 우리와 사랑의 관계를 맺기 원하신다.

"너희가 나를 벗어나면 궁핍하고 곤고하게 살 것이며 수고하고 애쓰다가 결국 죽을 수밖에 없다. 너희가 나를 떠나면 반드시 죽는다. 영원히 살 수 없다." 이 말은 선악과를 따 먹으면 하나님이 화가 나서 우리를 죽인다는 의미가 아니라, 하나님 말씀에 불순종하는 것 자체가 우리에게 파멸을 초래한다는 뜻이다.

어느 날 바위가 계란에게 "야, 덤비지 마. 나에게 부딪히면 너는 죽어"라고 말한다. 그런데 계란이 마음을 먹고 바위에게 덤벼들고, 그만 박살이 나고 만다. 이런 경우, 바위가 화가 나서 계란을 부순 것이 아니다. 계란이 바위에게 덤빌 때 이미 그 자체가 파멸의 원인이 된 것처럼, 생명과 사랑의 근원인 하나님께 대항하면 인간 스스로 파멸을 자초하게 된다.

창세기 3장에는 인간이 사탄의 꾀임(물론 지금 당장 악마가 있다는 사실을 믿으라는 것은 아니다)에 빠져 결국 하나님께 불순종하게 되는 내용이 나온다. 이 사건이 일어나기 전에 인간은 하나님과 좋은 관계를 맺고 있었다. 자녀가 부모에게 효도하듯 인간은 하나님을 경외하고 존경하며 그분께 순종했는데, 인간이 자발적으로 이 관계를 깨고 말았다. 그 후 지금까지 이런 상태가 지속되고 있고, 인간은 하나님의 다스림을 벗어나서 독자적으로 다른 영역을 만들어 살고 있다. 성경은 이런 상태를 죄라고 지적한다.

:: 인간에 대하여

인간의 모습을 살펴보기는 어렵지 않다. 우리 자신의 모습을 생각해 보면 된다.

인간은 불완전하다. 그리고 불완전하기 때문에 실수한다. 여기서 한 가지 의문은 바로 이것이다. 왜 인간은 불완전할까?

바로, 완전하신 하나님 아버지의 품을 떠났기 때문이다. 하나님을 떠난 인간은 이 땅에서 대략 80년 정도 살다가 죽는다. 인간은 원래 영원히 살 수 있는 존재였으나 타락 이후 죽어야 할 운명을 갖게 된 것이다. 이 땅에는 전쟁과 홍수, 지진과 기근이 있으며 고통이 그치지 않는다. 하나님이 살아 계시다면 왜 그럴까?

우리가 지금 낙원을 떠나 고통의 땅에서 살고 있기 때문이다. 하나님을 떠나온 이곳에는 외적으로 지진과 기근, 홍수, 해일, 태풍이 있고 갖가지 병도 많다.

또 내적으로는 여러 가지로 부패한 인간의 모습이 있다. 자신을 솔직히 돌아보면, 우리 각자에게는 욕심이 있고 시기심이 있다. 사촌이 땅을 사면 함께 기뻐해야 할 텐데 왠지 배가 아프다. 함께 고시 공부하던 친구는 시험에 붙었는데 난 떨어졌다. 친구가 합격했으니 기뻐해야 할 텐데 이상하게 기쁘지 않다. 인간의 마음속에는 **여러 가지 문제**(친구간의 배신, 부부간의 불화, 고부간의 갈등, 회의, 자기 연민, 자기 혐오, 삶의 무목적성, 고독감, 폭력, 성적인 문제 등)가 있다. 그 중 가장 대표적인 것은 거짓이다. 참되신 하나님을 떠난 인간의 모습은 거짓되다. 남에게 거짓말 하는 것도 문제지만 가장 무서운 것은 자신에게 거짓말 하는 자기 기만이다.

대학 시절에 친구와 주고받았던 대화가 기억난다. 그 때 큰 홍수로 많은 이재민이 발생해 신문에 수재 의연금을 낸 사람들의 사진과 액수가 게재되었다. 그 때 친구가 이렇게 말했다. "나중에 부자가 되어 수재 의연금을 내면 나는 절대 이렇게 과시하면서 돈을 내지 않겠어. 아무도 모르게 내야지…. 그런데 그 모습을 신문 기자가 몰래 찍어서 신문에 실어 주면 좋겠어!" 나도 동의했다. 우리 행동의 동기에는 이런 면들이 많이 숨어 있다.

그리스도는 이 땅에 계실 때 인간에 대해 이렇게 평가하셨다.

> 나쁜 생각은 사람의 마음에서 나오는데, 곧 음행과 도둑질과 살인과 간음과 탐욕과 악의와 사기와 방탕과 악한 시선과 모독과 교만과 어리석음이다. 이런 악한 것이 모두 속에서 나와서 사람을 더럽힌다(마가복음 7:21-23).

인간은 도덕적 불감증에 걸려 자신이 무엇을 잘못하는지 모르고 그것을 즐긴다. 깡패들이 사람을 괴롭히면서 즐거워하는 것 또한 도덕적 무감각에서 나온 행위다. 이 모든 악한 것이 사람의 속에서 나와 사람을 더럽힌다. 예언자 예레미야는 만물보다 거짓되고 심각하게 부패한 것이 사람의 마음이라고 지적했다(예레미야 17:9). 물론 인간에게 선한 부분도 있지만 근본적으로 인간은 완전히 선하지 않다. 인간은 모순 덩어리다.

　석가모니는 인생의 모습을 '고해'라고 표현했고, 성경은 인생을 '수고와 애씀'으로 묘사한다. 인생의 황금기인 청년 시절에도 많은 갈등과 문제가 있는데 점점 노쇠하고 병들어갈 때는 인생이 얼마나 허무할까? 결국 이 땅에서는 갈등과 고통이 교차되며 인간은 수고하고 애쓰다가 죽음을 맞이한다.

　사는 동안 우리는 끊임없이 만족을 추구한다. 첫 번째 만족을 추구하다가 얻으면 두 번째 만족을 향해 달리고, 또 얻으면 세 번째 만족을 향해 뛰어간다. 계속 끊임없이 다음 만족을 향해 가는 것이 우리의 인생이다. 마치 마약 중독자가 마약의 강도를 점점 높여 가는 것처럼 말이다. 학교를 졸업하면 취업, 취업 후에는 결혼, 결혼 후에는 자녀 출산과 양육, 집 장만 등 삶의 해결 과제들이 계속 주어진다. 이 외에도 고부, 부부, 직장 동료 간의 갈등 등 인간 관계에서 벌어지는 끊임없는 문제들이 미로처럼 펼쳐지고, 이런 상황 속에서 우리 마음은 늘 불안과 갈등으로 뒤엉킨다. 너무 어두운 시각으로 바라본 것 같지만 이것이 인생의 실체다. 수고하고 고생하면서 무엇인가 만족할 만한 목표를 좇아가지만, 인간에겐 늘 채워지지 않는 빈 구멍이 있다.

사랑하는 친구가 갑자기 죽었을 때 인생의 허무함과 공허함을 경험해 보았는가? 갑작스런 내 친구의 죽음을 전해들은 때가 떠오른다. 열심히 공부해서 좋은 직장을 얻어 성실히 살던 친구인데 그가 어느 날 갑자기 죽었다는 것이다. 장례식에 참여했던 한 친구는 화장하여 재를 뿌리고 났을 때의 그 허무함이란 이루 표현할 수 없었다고 고백했다.

인간은 결국 다 죽는다. 이는 동서고금을 막론하고 명백한 진리다. 죽음이라는 장벽에 부딪혀 보면 인간은 신을 생각하지 않을 수 없다. 고대 동굴 벽화 중에는 신에 대한 그림이 많은데, 고대로 갈수록 제사, 종교 의식, 신에 대한 추구 등이 직접적으로 표현되어 있음을 알 수 있다. 현대에 와서는 그와 같은 것들이 잘 보이지 않지만, 사실 신에 대한 갈망이 교묘하게 다른 모양으로 포장되어 있을 뿐이다. 지금도 점을 치러 다니는 사람들이 많은데, 이는 미래를 알 수 없는 인간이 초월적 존재를 의식하고 의지하려는 본능적 갈망을 지니고 있다는 단적인 증거다.

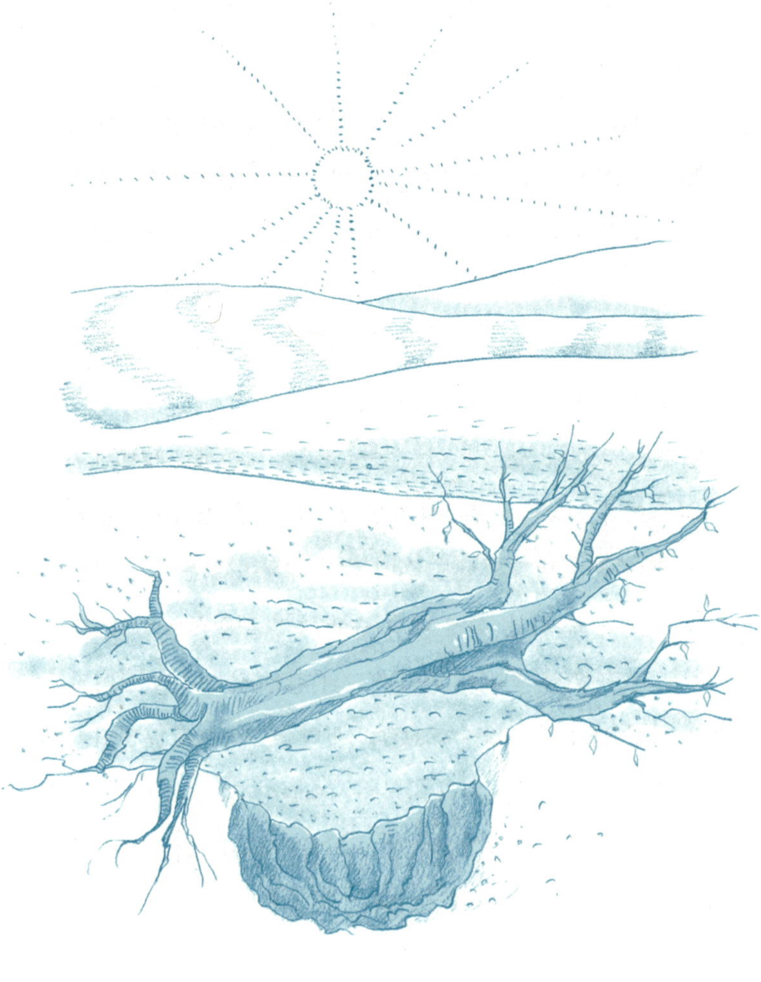

차마 신이 없다고 말하기 전에 62

사람들은 보통 '선한 사람은 구원받을 것이고 악한 사람은 구원받지 못할 것'이라는 나름의 기준을 가지고 있다. 그런데 '선한 사람이 구원받는다'고 누가 정한 것일까? 아무도 쉽게 풀 수 없는 이런 골치 아픈 문제를 이제는 정리해야 한다.

인간은 구원받으려고 아무리 노력해도 구원받을 수 없다. 왜냐하면 인간이 하나님으로부터 벗어나 있기 때문이다. 마치 뿌리 뽑힌 나무처럼 말이다. 뿌리 뽑힌 나무는 서서히 썩어 간다. 그런 나무에게 잎을 초록색으로 칠하고 영양 주사를 맞히면 일시적으로는 살아 있는 것처럼 보이겠지만 결국은 마르고 썩을 수밖에 없다. '나무가 땅에서 뽑혔다'는 말은 이미 '그 나무는 죽었다'는 뜻이다.

성경은 인생의 실존에 대해 '인간이 하나님을 벗어났다'고 설명한다. 인간은 썩어 가고 있다. 썩어 가는 인간의 증상은 무엇일까? 바로 교만과 열등감, 기만, 음탕함, 거짓, 시기, 미움, 다툼과 같은 것들이다. 부모가 거짓말을 가르쳐 주지 않아도 아이들은 쉽게 거짓말을 한다. 인간들이 모이면 갈등과 싸움이 생기기 마련이다. 너 나 할 것 없이 자기 고집이 있고 자기 것 챙기기에 바쁘다. 이는 인간이 땅에서 뽑힌 나무와 같기 때문에 나타나는 증상일 뿐이다. 나무가 땅에서 뽑혀 나온 상태 즉 하나님을 떠나 가출한 인간의 상태, 자기를 지으시고 사랑하는 그분을 박차고 나온 인간의 상태를 성경은 '죄에 빠져 있다'고 설명한다. 따라서 인간은 죄인이기 때문에 죄를 짓는다. 죄를 짓기 때문에 죄인이 된 것이 아니고, 근본이 죄인이기 때문에 죄를 짓는 것이다.

어느 날 엄마 꽃게가 새끼 꽃게에게 "애야, 잘 좀 걸어 봐라. 너는 왜 옆으로 걷니? 똑바로 가야지"라고 말한다. 그런데 그렇게 말하는 엄마 꽃게도 계속 옆으로 걷고 있는 것이다! 그것은 엄마 역시 꽃게이기 때문에 어쩔 수 없는 일이다. 마찬가지로 인간은 죄인이기 때문에 죄를 짓는다. 화장실 들어갈 때와 나올 때가 다르며, 자기가 아쉬울 때와 넉넉할 때가 다르다. 음란한 마음을 억제하기 어려우며 미워하는 마음을 고칠 방도가 없다. 옛날 많은 성현들도 이런 문제들 때문에 자기 수양과 고행의 길을 택했던 것을 생각해 보라. 신학자 마르틴 루터도 그런 사람 중 한 명이다. 그는 자신의 죄악을 씻어 보려고 무릎으로 계단을 오르며 잠도 안 자고 고행을 했다. 또 스님들도 죄를 없애려고 얼마나 노력하는가? 음욕을 없애려고 정신을 통일하며 도를 닦지만 그럼에도 불구하고 그 마음에는 여전히 음욕이 있고 교만이 있다. 죄성은 지울 수도, 고칠 수도

없다.

반면에 하나님은 철저히 공의로운 분이다. 미움, 음란함, 시기, 악독, 기만 등 모든 죄에 대해 벌을 내리신다. 그렇다면 우리 인간에게 남은 일은 심판과 파멸을 당하는 것뿐이다.

:: 예수에 대하여

인간의 죄 문제에 대해 다른 종교에서는 어떻게 말할까? 불교를 포함한 일반 종교에서는 이렇게 설명한다. "너희는 도대체 나이가 몇 살인데 아직도 콧물을 흘리느냐? 기침도 많이 하는데 가만히 있으면 낫겠느냐? 우선 콧물이 나면 휴지를 사서 하루에 세 번씩 닦아라. 그리고 기침이 나면 배에 힘을 주어라. 평소에 복식 호흡을 해라. 1년쯤 지나면 기침의 횟수가 40번으로 줄고 5년쯤 지나면 30번으로 줄다가 어느 날 기침이 그칠 것이다."

반면 기독교의 설명은 이렇다. "콧물을 닦아 보아라. 또 나오지 않느냐? 감기에 걸렸기 때문에 아무리 닦아야 소용없다. 그러지 말고 병원에 가서 감기를 치료해라."

대부분의 종교에서는 인간의 모순성을 지적하고 그것을 고치기 위한 여러 가지 방법을 제시한다. 그러나 기독교에서는 그런 여러 가지 노력으로는 회복이 불가능하며 가장 좋은 방법은 창조주께 돌아오는 것이라고 말한다. 성경의 핵심은 다음과 같다. "돌아오라. 창조주께 돌아오라. 이것이 구원이고 생명이다."

창조주 하나님께 돌아온다는 것은 마치 뿌리 뽑힌 나무가 생명을 얻기 위해 땅에 심기는 것과 같다. 그분께 돌아오면 인간은 원래의 아름다운 모습으로 회복된다. 죄로 오염된 인간, 하나님과의 관계가 완전히 단절된 인간은 생명의 근원 되신 그분과 올바른 관계를 맺으면서 근본적으로 새로워진다.

:: 인간의 숙제

하나님과 단절되어 살아가는 인간들은 하나님과의 관계에서 세 가지 큰 어려움을 안고 있다.

첫째, 인간은 신을 알 수 없다. 인간은 이미 더럽혀진 죄인이기 때문에 어느 누구도 하나님을 만날 수 없다. 인간은 이미 죄 안에 갇혀 있어서 하나님과 철저히 분리되어 있는 것이다. 방안의 불을 끄면 어둡다가 불을 켜는 순간 어두움이 단번에 없어지는 것처럼 하나님과 인간 사이도 마찬가지다. 하나님과 인간은 빛과 어두움처럼 도저히 함께 거할 수 없다. 둘은 완전히 분리되어 있다. 그래서 우리는 태어나면서부터 하나님을 모른다.

둘째, 신을 안다 하더라도 신 앞에 나아갈 길이 없다. 하나님은 공의로운 분이기 때문에 죄인인 인간은 그 앞에 설 수 없다. 마치 사람을 죽인 살인자가 늘 경찰서나 경찰관을 피해 다니는 것과 마찬가지다. 죄를 지으면 마음이 편하지 않아 도망칠 수밖에 없다. 하나님 앞에서 죄인인 우리는 시기하고 미워하며 속이고 진실하지 못하며 음란하다. 물론 이런 죄는 법에 저촉되지 않지만, 중심을 보시는 하나님은 남을 미워하는 것, 더군다나 속으로는 미워하면서 겉으로는 그렇지 않은 척하는 것을 가증스럽게 여기신다. 신을 안다 하더라도 나아갈 길이 없다면 차라리 신이 있는지 없는지 모를 때가 더 나을 것이다. 신이 있음을 알았으나 그 신에게 나아갈 길이 없을 때 얼마나 힘들까?

셋째, 의심이 생긴다. 위의 두 가지 사실 즉 신의 존재와 구원의 길을 안다 해도 또 한 가지 문제가 생기는데 그것은 바로 의심이다. 현실적인 삶에 익숙한 우리 인간은 초자연적인 신에 대해 들을 때 본능적으로 의심이 생긴다.

이런 세 가지 이유 때문에 우리 인간은 구원받을 기회를 가질 수 없었다. 이 구원 문제가 풀리지 않은 채 늘 미루어져 온 것이다. 성경은 이것이 바로 구원받기 전 인간의 근본적인 실존이라고 지적한다. 세 가지 이유 즉 신을 알 수 없고, 혹 안다 해도 나아갈 길이 없으며, 또 누군가 알려 주어도 의심할 수밖에 없는 우리 인간은 대책 없이 멸망만을 기다릴 수밖에 없다.

∷ 하나님의 해답

그런데 하나님께 문제가 생겼다. 공의롭고 사랑이 많으신 하나님은, 죄는 미워하시되 죄인은 사랑하신다. 하나님이 딜레마에 빠진 것이다. 인간들의 죄를 용서할 수 없지만 그들을 사랑하신다. 이런 딜레마의 해결 방도를 찾던 하나님은 드디어 그 아들 예수 그리스도를 이 땅에 보내셨다.

하나님의 해결책은 인간이 갖고 있는 세 가지 어려움을 푸는 것이었다. 첫째 하나님이 있음을 알려 주어야 하고, 둘째 구원받을 길을 주어야 하고, 셋째 의심을 풀 수 있는 확실한 증거를 주어야 한다는 것이다.

그래서 하나님은 우리에게 자신을 알려 주기로 결정하셨다. 그래서 먼저 이스라엘이라는 한 족속을 통하여 하나님이 존재함을 알려 주셨다. 또한 하나님은 우리 모든 인류를 위해 길을 만들어 주셨다. 죄로 인해 형벌 받아야 할 인간들을 위해 예수님이 대신 십자가에서 형벌을 받고 죽으심으로써 용서받을 수 있는 길을 만들어 주신 것이다.

구약 시대에는 이집트와 앗시리아, 바빌로니아, 페르시아 등 강력한 국가들의 흥망성쇠가 거듭되었는데, 이 시기에 하나님은 이스라엘의 예언자들을 통해 장차 하나님의 아들이 이 땅을 방문한다고 알려 주셨다. 도저히 믿기 어려운 꿈 같은 이야기였다. "그분이 올 때에는 이스라엘의 베들레헴에서 태어날 것이다." "그는 나사렛에서 자라다가 죽게 되는데 강도들 틈에서 죽어 부자의 묘실에 장사될 것이다" 등 300개가 넘는 메시아에 대한 예언이 주어졌다. "앞으로 올 것이다. 올 것이다. 그분이 온다. 온다." 하나님의 아들이 이 땅에 찾아오리라는 예언이 계속되다가 마침내 신구약 중간기를 거쳐 메시아 출현 바로 직전에 마지막으로 예언자 세례 요한이 나타났다. 세례 요한은 "내 뒤에 오실 이가 바로 그분이다"라고 주장했다.

　드디어 기원전(BC: before Christ)과 기원후(AD: *Anno Domini, in the year of Christ*)를 가르며 역사 속에 예수가 등장해서 "내가 바로 하나님의 아들"이라고 주장했다. 당시 사람들은 예수가 병든 자를 치유하고 시각 장애인의 눈을 뜨게 하며 나병 환자를 고치고 심지어 죽은 사람을 살리는 모습을 보면서 그가 하나님의 아들이라고 믿었다. 반면 그를 시기했던 유대 지도자들은 하나님의 아들임을 주장하는 예수가 신성을 모독한다는 명목으로 그를 십자가에 못박아 죽였다.

　예수는 이 땅에 와서 공개적으로 "나는 하나님의 아들이다"라고 천명했다. 하나님의 아들 개념은 인간의 가족 개념에서 말하는 아버지와 아들 관계와 다르게 이해해야 한다. 자신이 하나님의 아들이라는 것은, 곧 자신이 하나님이라는 뜻이다. 쉬운 이해를 위해 예를 들자면, 말의 새끼를 망아지, 소의 새끼를 송아지라 할 때 송아지를 '말'이 아닌 '소'라고 말하듯이, '예수가 하나님의 아들'이라고 주장한 것은 바로 그가 인간이 아닌 하나님이라는 뜻이다. 참 당혹스러운 주장이 아닐 수 없다.

　이 말이 사실이라면 예수를 세계 4대 성인 중의 한 분으로 인정하기가 곤란해진다. 그는 인간이 아니기 때문이다. 예수가 자신을 가리켜 하나님의 아들이라고 했으니 만일 그 말이 사실이 아니라면 그는 결과적으로 미친 사람이거나 거짓말쟁이일 수밖에 없다. 그는 "오른 뺨을 때리면 왼 뺨을 대라." "이웃을 네 몸과 같이 사랑하라"와 같은 높은 도덕적 교훈을 이야기했지만, "나는 죽으러 왔다. 나는 하나님의 아들이다. 나를 통해서 구원받아야 한다. 나의 아버지가 나를 보냈고 나는 하늘로부터 왔고 나를 믿어야 생명을 얻는다"(요한복음 6:35-40 참고)라고 말씀하기도 하셨다.

그렇다면 우리는 예수를 둘 중의 하나로 보아야 한다. 그는 진정 하나님의 아들인가? 아니면 거짓말쟁이인가?

: : 죄인의 구원

우리 인간이 신을 알 수 없기 때문에, 하나님은 예수 그리스도라는 인물을 알려 주셨고, 예수 그리스도가 하나님께 나아가는 길이 되셨다. 이 시점에서 잠깐 생각해 볼 점이 있다. '죄인이 구원받는다?' 이 일이 가능한가? 하나님 보시기에 선한 사람은 없으며, 오직 상대적인 관점에서만 선할 뿐이다. 우리는 상대적인 비교 기준으로 선악을 따지지만 하나님의 절대적인 기준에서 우리를 본다면 우리 자신도 결코 하나님의 심판에서 제외될 수 없다.

그렇다면 '죄인이 구원받는 교리'를 어떻게 설명할 수 있을까? 사실 실망스럽지 않은가? 당연히 착한 일을 많이 한 사람이 구원받아야 하지 않을까? 그러나 하나님이 모든 이를 구원하려면 이 방법밖에 없다. 선한 사람만 구원받는다면 우리 인간은 도저히 구원받을 수 없다. 인격 수양을 많이 하거나 신앙 생활을 오래 한 사람도 마찬가지다.

따라서 하나님은 한 사람이 대신 죽음으로써 모든 사람이 용서받는 방법을 택하셨다. 하나님은 공의롭기 때문에 죄를 그냥 간과할 수 없다. 죄의 대가는 죽음이다. 그러나 하나님은 사랑이 많으시기 때문에 인간을 멸망하게 내버려둘 수 없었다. 사랑하는 인간을 죽일 수 없었던 것이다. 그래서 이 죄를 누군가에게로 옮기는 방법을 택하셨다.

어느 왕국의 임금이 나라를 망치는 범죄를 근절하고자 엄한 법령을 제정했다. "새해 첫날을 기점으로, 죄를 짓는 사람은 두 눈을 뽑아 버리겠다."

그런데 놀랍게도, 이 법이 시행된 첫날 가장 먼저 잡혀 온 사람

차마 신이 없다고 말하기 전에 74

은 바로 임금의 하나밖에 없는 외아들이었다. 아들의 두 눈을 뽑자니 자기의 뒤를 이어 나라를 다스려야 할 아들에게 너무 가혹하고, "오늘은 무효다. 내일부터 시행하자"고 하면 공의를 저버린 왕이 되니 여간 고민 되는 일이 아닐 수 없었다. 임금은 고민한 끝에 어렵게 결정을 내렸다. 아들의 눈을 하나만 뽑고 대신 자기의 눈을 하나 뽑아서, 법을 지키면서도 사랑하는 아들이 완전히 눈이 머는 것을 막기로 한 것이다.

하나님은 바로 이런 방식으로 우리 인간을 구원하셨다. 즉 예수 그리스도가 우리 인간의 죄를 대신 짊어지심으로써 인간에게 구원을 주셨다. 그럼에도 이 구원을 이해하기는 참 어렵다. '죄인이 구원받는다'는 사실이 우리 정서를 거스르기 때문이다. 그래서 하나님은 예수 그리스도가 이 땅에 오시기 훨씬 전인 구약 시대부터 여러 제도적 모형을 통해 이 구원의 원리를 가르쳐 주셨다.

구약 시대에는 제사 제도가 있었는데, 이는 죄를 범하면 소나 양 같은 짐승을 잡아서 안수하여 그에게 죄를 전가하는 의식이다. 원래 자신이 죽어야 하는데 그 짐승에게 자기 죄를 안수하고 대신 죽

이는 것이다. 그래서 이렇게 바쳐진 소나 양을 대속물이라고 불렀다. 예수가 이 땅에 왔을 때, 세례 요한은 그를 가리켜 "보시오, 세상 죄를 지고 가는 하나님의 어린 양입니다"(요한복음 1:29)라고 설명했다. 이는 예수가 모든 인간의 죄를 대신해 바쳐질 대속물이라는 뜻이다.

제사 모형의 극치를 표현하는 것이 바로 유월절 사건이다. 유월절은 구약 시대 이스라엘이 약 430년간 이집트의 노예로 고통스럽게 살 때 모세라는 인물이 이집트의 속박에서 이스라엘을 구해 낸 사건이다(BC 1300년경).

당시 모세가 이집트 왕 파라오를 찾아가 이스라엘 백성을 해방시킬 것을 요구하였는데, 파라오는 들은 척도 하지 않았다. 그래서 하나님은 이집트에 열 가지 재앙을 내렸고, 꿈쩍도 않던 파라오는 마지막 재앙(이집트에 있는 모든 맏아들과 가축의 첫 새끼를 죽이는 재앙)을 당하고서야 어쩔 수 없이 이스라엘 백성을 놓아 주었다. 하나님이 그런 재앙을 주신 것은 파라오의 마음속에 있는 완고한 고집 때문이었다. 어쨌든 이스라엘 백성을 내보내지 않으면 열 번째 재앙이 내

린다고 경고했음에도 이집트 왕은 끝내 말을 듣지 않았고, 결국 왕의 아들을 비롯하여 이집트의 모든 맏아들이 죽게 되는 비참한 일이 벌어졌다.

이 일이 있기 전 이스라엘 백성은 집 문기둥에 어린 양의 피를 바르라는 명령을 받았고, 재앙을 내리는 여호와의 사자는 그 피를 보고 이스라엘 백성의 집을 건너뛰어 갔다(pass over). 그래서 모든 이스라엘의 맏아들은 죽음을 면하고 살아났다. 이를 기념하여 이스라엘 백성들은 유월절(Passover)을 대대로 지키고 있다. 유월절 사건이 의미하는 바는 어린 양의 피가 있으면 살 수 있다는 것이다.

인간은 죄 때문에 죽어야 하지만 예수 그리스도의 피가 있으면 죽음을 피할 수 있다. 예수 그리스도가 유월절에 돌아가신 이유도 바로 여기에 있다. 성경은 "그 날이 유월절 준비일이므로, 안식일에 시체들을 십자가에 그냥 두지 않으려고, 그 시체의 다리를 꺾어서 치워 달라고 빌라도에게 요청하였다"(요한복음 19:31)라고 말하고 있다. 이스라엘 사람들에게 유월절은 큰 명절이기 때문에 그들은 시체를 십자가에 두지 않으려고 다리를 꺾어 치워 달라고 했다.

당시 죄수들은 십자가에서 처형되었는데, 죄수들이 십자가에 매달리면 축 늘어져 숨을 못 쉬게 된다. 이 때 로마 군병들은 혹시라도 숨이 붙어 있을까 봐 망치로 무릎 뼈를 부수었다. 예수의 경우도 다리를 꺾어 시체를 치우려고 했는데, 확인해 보니 이미 죽어 있어서 뼈를 꺾을 필요가 없었다. 구약 성경에는 그리스도의 뼈가 하나도 꺾이지 않을 것이라고 예언되어 있기 때문에(시편 34:20), 이스라엘 백성들은 유월절을 지킬 때 제물의 뼈를 꺾지 않는 규례를 지키게 되어 있었다(출애굽기 12:46; 민수기 9:12). 이 모든 것을 목격한 요한은 구약에 예언된 성경 말씀이 이루어졌다고 기록하였다.

"일이 이렇게 된 것은, '그의 뼈가 하나도 부러지지 않을 것이다' 한 성경 말씀이 이루어지게 하려는 것이었다"(요한복음 19:36).

또한 구약에는 성막 제도가 있어 그리스도의 대속을 미리 예시하였다. 유대인 성전은 성소와 지성소로 나뉘어 있고 둘 사이에 무거운 휘장이 드리워져 있었다. 지성소는 하나님이 계시는 곳으로서 인간이 들어가면 죽는 곳이었고, 오직 1년에 한 번씩 대제사장만 들어갈 수 있었던 곳이었다. 대제사장은 속죄하는 동물의 피를 가지고 지성소에 들어갔는데, 이것은 인간이 하나님께 함부로 나아가지 못함을 알려 준다. 인간과 하나님 사이가 완전히 분리되어 있었던 것이다. 그러나 예수가 운명할 때 성소의 휘장이 위에서부터 아래로 찢어졌다(마태복음 27:51). 이는 예수가 하나님과 인간 사이의 막힌 담을 헐고 구원의 길을 열어 주었음을 시각적으로 보여 준다.

성경에는 다음과 같이 유명한 구절이 있다. "하나님께서 세상을 이처럼 사랑하셔서 외아들을 주셨으니, 이는 그를 믿는 사람마다 멸망하지 않고 영생을 얻게 하려는 것이다"(요한복음 3:16). 이 말씀 앞의 14절에는 모세의 놋뱀 사건을 언급하는 이야기가 나온다. 즉 모세가 광야에서 놋으로 만든 뱀을 든 것처럼 예수 그리스도도 놋뱀처럼 들려야 한다는 뜻이다.

당시 이스라엘 백성들은 이집트를 탈출하여 가나안 땅에 들어가기까지 광야에서 헤매고 있었는데, 때마다 원망과 불평을 쏟아냈다. 험난한 여정 때문에 마음이 상한 백성들이 하나님과 모세를 원망하자 하나님이 불뱀을 보내 많은 이스라엘 백성이 죽게 되었다. 그러자 이스라엘 백성들은 자신들의 잘못을 빌었고 모세는 백성을 위하여 하나님께 기도했다. 하나님은 장대에 놋뱀을 달아 쳐다보는 자는 살려 주겠다고 하시면서 다시 한 번 이스라엘 백성에게 살 수

있는 기회를 주셨다(민수기 21:9). 모세는 놋뱀을 만들어 장대 위에 높이 달았고, 그 말을 믿고 놋뱀을 쳐다본 사람은 생명을 구했다.

  그 때 만일 하나님이 장대에 달린 놋뱀을 올려다보는 행위가 아니라 어린 양을 제물로 바치는 조건으로 구원을 주셨다면 모두 죽었을 것이다. 이미 독사의 독이 퍼져 다 죽어가는데 언제 흠없는 어린 양을 찾아 바칠 수 있었겠는가? 단지 장대의 놋뱀을 쳐다보는 행위, 즉 고개만 드는 것, 그것이면 살 수 있었다. 광야에서 독사에게 물린 이들이 놋뱀을 쳐다보기만 하면 구원을 받은 것처럼, 죄인인 인간은 예수 그리스도를 믿기만 하면 구원을 받는다. 그리고 요한 역시 놋뱀처럼 들린 예수를 통해서 구원이 이루어진다고 선포하고 있다.

  구원받는 조건이 너무 쉽기 때문에 오히려 믿기 어려울지 모르겠다. 그러나 원래 너무 값진 것은 값없이 받기 마련이다. 공기, 햇빛, 심장, 생명….

  우리 인간이 아무리 선하게 보여도 근본적으로 죄인인 우리는 죄를 지을 수밖에 없다. 이미 죄의 기운이 인간에게 퍼져 있다고 말하는 편이 좋겠다. 인간의 능력으로는 하나님이 요구하시는 선의 경지에 도달할 수 없다. 그렇기에 아무 조건을 달지 않고 예수 그리스도를 믿으면 구원을 준다고 한 것이다. 지금까지 예수를 믿지 않고 지냈더라도 원하기만 하면 지금이라도 구원을 받을 수 있다. 이렇게 쉬운 구원이 어디에 있겠는가?

예수 그리스도는 이 땅에 살 동안 많은 병자를 고치고 죄인을 만나며 하나님의 말씀을 가르치셨다. 하나님이 거룩한 사람만 만나준다면 이 땅의 죄인들은 구원의 기회를 가질 수 없을 것이다. 이스라엘의 종교 지도자들이 예수가 죄인을 만나는 것을 문제 삼을 때, 그분은 건강한 자에게는 의사가 필요 없고 병든 자에게만 필요하다고 말하며, 자신은 의인을 부르러 온 것이 아니라 죄인을 불러 회개시키러 왔다고 하셨다(누가복음 5:31, 32). 애당초 이 땅에는 의인이 없다.

하나님이 구원을 주기로 한다면 모든 사람에게 구원을 주셔야 한다. 그래서 예수는 죄인들을 만났고 죄인인 모든 인간을 위해 죽었다. 죽기 전에 그분은 제자들에게 자신이 죽을 것이라는 사실과 죽은 후 3일 만에 다시 살아날 것이라는 사실을 미리 말씀하셨다. 그러나 당시에는 그 말을 믿은 제자들이 하나도 없었다. 사실 그 말을 어떻게 믿을 수 있었겠는가? 그러나 예수 그리스도가 실제로 부활한 후에야 제자들은 믿었고, 그들은 나중에 십자가와 부활의 증인이 되었다.

예수 그리스도는 자신이 이 땅에 온 목적을 이렇게 말씀하셨다. "인자는 섬김을 받으러 온 것이 아니라 섬기러 왔으며, 많은 사람을 위하여 자기 목숨을 몸값으로 치러 주려고 왔다"(마태복음 20:28). 그는 이 땅에 계실 때 실제 다른 사람을 섬기는 삶을 살았고 구약의 약속에 따라 사람들의 죄를 대신하여 십자가에서 죽었다. 그리고 십자가에 달렸을 때도 함께 달린 강도 한 명을 구원했다. 이 강도는 평생 악한 짓만 한 사람이었는데, 자기의 죄를 회개할 때 예수와 함께 낙원에 있으리라는 구원의 말씀을 듣게 된다. 강도는 생의 마지막 순간에 예수 그리스도를 믿게 된 것이다.

예수 그리스도는 이것을 통해서 다시 한 번 우리에게 교훈을 주신다. '어떤 죄인이라도 예수 그리스도 앞에서 자신의 죄를 인정하고 회개하면 받아주신다.' 십자가에 달린 흉악한 강도도 회개하여 구원받았다면 이 땅에 구원받지 못할 사람이 어디 있겠는가? 예수 그리스도는 자신에게 오는 자를 내어 쫓지 않겠다고 약속했다(요한복음 6:37).

예수 그리스도는 나를 포함한 모든 사람을 위해 십자가에 달리셨다. 이것이 바로 기독교 구원의 핵심 내용이다.

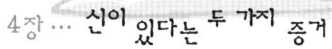

4장 … 신이 있다는 두 가지 증거

하나님이 있다는 증거는 무엇인가?
믿을 수 있는 근거는 무엇인가?
증거는 두 가지다.
첫째는 객관적 증거인 예수 그리스도의 부활이고,
둘째는 주관적 증거인 기도의 응답이다.

그런데 문제는 '이 모든 것이 사실인지 어떻게 알 수 있겠는가?' 하는 점이다. 성경에서 말하는 것이 사실인지 아닌지 확실한 증거가 있는가? 나는 앞에서 무신론자에게도 신이 없다는 믿음의 근거가 있어야 한다고 말했다. 그렇다면 하나님이 있다는 증거는 무엇일까? 믿을 수 있는 근거는 무엇일까? 증거는 두 가지다. 첫째는 객관적 증거인 예수 그리스도의 부활이고, 둘째는 주관적 증거인 기도의 응답이다.

하나님이 계셔서 우리에게 나타날 의도가 있다면 증거를 주시는 것은 당연하다. 증거 없이 어떻게 믿을 수 있겠는가? 보이지도 않고 들리지도 않는데 어떻게 하나님을 알 수 있겠는가?

이는 아주 중요한 부분이다. 만약 하나님이 계시다면 나는 어떻게 믿을 수 있는가? 그분이 어떻게 해주셔야 내가 믿을 수 있겠는가? 그분의 음성을 들으면 될까? 만일 하나님이 큰 소리로, "영덕아, 영덕아, 내가 너를 만들었다. 나는 온 우주를 만든 창조자이며 나는 살아 있는 하나님이다. 너는 예수를 믿어야 구원을 받는다"라고 말한다면 어떨까? 나는 우선 놀랄 것이다. 그러다가 1년이 지나고 2년이 지나고 시간이 흐름에 따라, '그 때 혹시 내가 잘못 들은 것이 아닐까? 한 번 더 들으면 좋겠다'는 생각이 들 것이다. 결국 시간이 지날수록 의심하면서 다시 음성을 듣기 원할 것이다.

하나님이 이 방식으로 사람에게 나타나지 않는 또 다른 이유는 사람들이 하나님을 너무 초자연적이고 신비로운 분으로 생각하기 때문이다. 하나님은 인격체이시다. 초자연적 체험을 자꾸 추구하다가는 잘못된 이단에 빠지기 쉽다. 하나님은 우리 인간과 인격적 관계를 맺기 원하시며, 원래 인간을 자발적인 존재로 만드셨다. 그분은 인간이 자발적인 마음으로 돌아오기 원하시지, 기적이나 신비한 경험 때문에 돌아오기를 원하지 않으신다. 인간이 자발적으로 결정할 수 있고 충분히 자기 의지를 사용할 수 있는데도 불구하고 초자연적인 힘으로 인간을 복종시키기를 원하지 않으신다.

초자연적인 경험의 약점은 언제고 의심이 비집고 들어온다는 점이다. 믿음은 기적 때문에 생기는 것이 아니라 성령을 통해 생긴다. 기적은 전혀 대단한 일이 아니다. 예수님이 많은 기적을 보여 주셨을 때 사람들이 보고 다 놀랐지만 그 때뿐이었다. 당신의 경우 어떠한가? 주위에서 기적이 일어난 이야기를 전해 듣거나 텔레비전을 통해 어떤 기도원에서 암을 고치는 장면을 보았을 때, 그것 때문에 그리스도인이 되겠다는 결심을 한 번이라도 해 본 적이 있는가? 초자연적인 경험이나 현상에는 의심이 수반되므로 증거로서는 한계를 지닌다.

물론 이 방법 외에는 도저히 믿음을 갖기 어려운 사람의 경우 하나님이 특별한 방법을 사용하기도 하신다. 내가 어느 대학의 기독 모임을 지도할 때, 어느 4학년 여학생이 모임에 나왔는데 꿈에 천사가 나타나 교회에 다니라고 해서 나오게 되었다는 것이다. 그 후 그 여학생은 체계적인 신앙 지도를 받고 예수 그리스도를 믿게 되었다. 그러나 이런 경우는 극히 예외적인 것이며, 기적의 경험을 한다고 다 그리스도인이 되는 것은 아니다.

:: 객관적 증거 : 예수님의 부활

하나님은 의심 잘하는 우리 인간의 약점을 너무 잘 아시기 때문에 결국 결정적 증거, 과학적 증거, 역사적 증거를 주셨다. 바로 역사상에 실제 나타난 예수 그리스도의 부활 사건이다.*

인간은 누구나 죽는다. 죽는 것은 자명한 사실이다. 그런데 하나님의 아들이신 예수 그리스도는 죽었다가 부활하셨다. 이를 믿을 수 있겠는가? 예수님은 살아 계실 때 미리 자신의 부활을 거론했지만 제자들은 믿지 않았다. 그러나 예수님은 십자가에 돌아가신 지삼 일 만에 부활했고 이를 직접 본 제자들은 비로소 부활을 믿게 되었다. 부활로써 예수님은 자신이 하나님의 아들이라는 사실을 입증하셨다.

20세기 후반에 어떤 사람이 이 부활이 거짓임을 입증해 보려고 시도한 적이 있었다. 영국의 저널리스트 프랭크 모리슨(Frank Morison)이라는 사람인데, 기독교에서 중요하게 여기는 부활의 허구성을 증명하려고 3년여에 걸쳐 모든 자료를 모으며 피나는 노력을 기울여 성경의 모순을 파헤치려 했다. 그러나 후에 그는 「누가 돌을 옮겼는가?」(Who Moved the Stone?)라는 책을 저술해 오히려 부활의 사실을 확증하였다. 그는 서문에서, "이 책은 사실적 힘에 의해 처음 시도했던 내용을 포기하고 다른 것을 쓰게 된 내적 이야기 즉 하나의 고백록"임을 진술한다. 그는 이 책을 통해 예수님 일생의

---

* 부활을 믿을 수 있으면 그리스도인이 될 수 있다. 저자가 카투사로 군에 있을 때 바로 옆방에 있던 군인은 공인 회계사였는데 그리스도인에 대한 좋지 않은 인상을 갖고 있었다. 이런 이유로 기독교에 대해 마음이 닫혀 있다가 차츰 인간의 연약함을 이해하게 되면서 기독교에 대해 조금씩 관심을 갖게 되었다. 결국 부활을 인정하면서 그리스도인이 되었고 지금도 잘 믿고 있다. 또 저자의 방에서 같이 지내던 졸병 두 명도 부활을 통하여 신앙을 갖게 되었다. 이 부활은 신앙의 관문이 되므로 꼭 다음의 책을 읽기 바란다.
1. 프랭크 모리슨, 「누가 돌을 옮겼는가」(생명의말씀사)
2. 마이클 그린, 「예수님의 부활」(생명의말씀사)
3. 폴 리틀, 「이래서 믿는다」(생명의말씀사) 4장

마지막 7일을 철저하게 연구한 결과, 부활이야말로 인류 역사상 가장 위대하고 확실한 역사적 사건이라는 결론에 이르렀다. 결국 그는 예수님의 부활 사건을 통해 그리스도인이 된 것이다.

:: 부활의 증거

프랭크 모리슨은 부활이 참일 수밖에 없는 증거를 여러 가지로 살펴보았는데, 그 중 대표적인 것이 그렇게 철저히 안식일을 지키던 유대인들이 안식일 대신 일요일을 주일(主日)로 지키게 되었다는 점이다. 그 전까지 유대인들은 율법에 따라 금요일 저녁부터 토요일 저녁까지를 안식일로 정해 철저히 지켰으며 심지어 안식일을 지키지 않는 사람은 죽이기까지 했다. 그런 배경에서 일요일을 주의 날로 정해 안식일로 지킨 것은 성경에 기록된 대로 안식 후 첫 날 예수님의 부활을 기념하여 모이기 시작한 데서 연유한다. 목숨을 걸고 안식일을 지키던 유대인들이 AD 32년경부터 주일을 지키게 된 점이 부활의 첫째 증거이다.

두 번째 증거는 교회가 발생했다는 사실이다. 당시 소아시아 지방과 예루살렘, 로마, 에베소, 안디옥, 고린도, 빌립보 등의 큰 도시에 예수님의 부활을 믿고 하나님이 아들을 통해 구원을 주셨다는 사실을 기쁘게 받아들인 교회들이 생기기 시작했다(이 기원 역시 AD 32년경으로 거슬러 올라간다). 예수가 부활한 후 사람들이 모여 교회라는 공동체가 형성된 것이다.

세 번째 증거는 신약 성경에 기록된 예수 그리스도의 부활 기록이다. 누군가는 이것을 순환 논리라고 반박할지 모르겠다. 그러나 성경은 1세기경에 기록되었는데 그 시기는 예수 그리스도의 부활을 목도한 수많은 사람들이 실제로 존재하던 때였다. 성경에는 예수가 부활한 후 만난 사람들이 구체적으로 거론되어 있고, 실제 그의 죽음과 부활을 직접 목격한 제자들이 신약 성경을 기록했다. 만일 이 문서가 거짓이라면 어떻게 그 문서를 믿고 초대 교인들이 순교까지 할 수 있었을까? 예를 들어, "박정희 대통령은 죽지 않았어. 그는 죽었다가 다시 살아났어. 사실 그는 인간이 아니라 신이야"라고 한다면 당신은 그 말을 믿을 수 있을까? 그 말이 사실이 되려면 죽은 박정희 대통령이 다시 살아난 모습을 본 증인이 있어야 한다. 마찬가지로 부활한 예수님을 직접 만난 사람들이 있었기 때문에 부활이 참이라고 주장할 수 있고 이에 따른 증거도 제시할 수 있었던 것이다.

네 번째 증거는 로마 황제들의 핍박 속에서도 기독교가 끈질기게 살아남았다는 것이다. 네로 황제가 기독교를 박해할 때 많은 사람들이 이 신앙 때문에 죽었는데 그들 대부분이 유대인이었다. 기독교로 개종한 유대인들은 안식일 대신 주의 날을 기억하고 주일을 지켰고, 자기 동네 유대 땅에서 살았던 한 인물 예수를 메시아(구세주)라고 고백하고 죽어갔다. 그런 기독교인들이 온갖 핍박 속에서도 신앙을 위해 목숨을 내놓는 상황에서 대로마 제국은 어쩔 수 없이 무너질 수밖에 없었다. 결국 기독교를 핍박한 로마는 기독교에 정복을 당한 셈이다. 당시 대표적인 '10대 박해' 외에 기독교에 대한 많은 박해가 있었지만 그리스도인이 신앙을 포기하게 하는 데는 모두 실패했다. 왜냐하면 그들에게는 부활이라는 확실한 증거가 있었기 때문이다.

부활의 다섯 번째 증거는 예수의 무덤이 비어 있었다는 사실과 그가 나타났다는 사실이다. 만일 무덤 속에 예수의 시체가 그대로 있었다면 기독교는 존재할 수 없다. 그러나 예수님의 시체를 넣어 둔 동굴(당시의 무덤)은 비어 있었다.

:: 예수의 빈 무덤

그렇다면 이 빈 무덤을 어떻게 설명할 수 있을까? 많은 사람들이 이 문제를 해결하기 위해 여러 가설을 제시했는데, 그 중 첫 번째는 바로 제자들이 훔쳤다는 가설이다.

예수님이 평소에 "앞으로 내가 죽을 것인데 죽은 후 3일 만에 다시 살아날 것이다"라고 공공연히 말씀하셨기 때문에 유대 종교 지도자들이나 로마 집정자들은 군병들을 세우고 무덤을 지키게 했다. 그들은 무덤을 돌로 막고 인봉을 해서 군병들을 세워 놓았다. 그런데 시체가 없어졌다! 몹시 난처해진 그들은 거짓 증인을 세워 군병들이 조는 사이에 제자들이 시체를 훔쳐갔다는 말을 퍼뜨렸다.

그러나 당시 제자들은 예수님이 십자가에서 죽을 때 도망 간 사

4장 신이 있다는 두 가지 증거 97

람들인데 무슨 용기로 군인이 지키는 무덤에 와서 시체를 훔쳤을까? 그리고 훔치고 나서도, 예수의 부활을 두고 자신의 목숨까지 버리면서 순교할 수 있었을까? 거짓말을 계속 지키기 위해 자기 목숨을 버릴 수 있을까? 또 거짓말 때문에 가족의 목숨도 희생할 수 있을까? 게다가 당시 수많은 사람들이 부활 후 나타나신 예수님을 보았다는 사실을 어떻게 설명할 수 있을까?

두 번째 가설은 종교 지도자들이 시체를 숨겼다는 것이다. 그런데 종교 지도자들이 시체를 숨길 필요가 있었을까? 그들은 부활이 두려워 군병들에게 무덤까지 지키게 한 사람들인데 무슨 이유 때문에 그렇게 했을까? 혹시 제자들이 훔쳐 갈까 봐 감추었다면 그 이후에 제자들이 부활을 외칠 때 시체를 내보여 기독교의 불씨를 단번에 잠재울 수 있지 않았을까? 부활의 소식이 예루살렘 한복판에서 들리기 시작하면서 많은 유대인들이 개종하고 교회가 생기고 주일이 생긴 당시 정황을 살펴볼 때, 이 이론 또한 타당하지 않다.

세 번째로, 무덤을 잘못 찾아갔다는 가설이 있다. 예수를 따르던 여자들이 슬픈 나머지 정신이 없어 다른 빈 무덤을 잘못 찾아갔다는 것이다. 그러나 뒤에 찾아온 베드로와 요한까지 실수했다고 보기는 힘들다. 공동묘지가 아닌 개인 소유의 무덤이라 다른 무덤과 혼동할 이유도 없었고, 혹 혼동했더라도 다시 원래 무덤을 찾아갈 수 있었을 것이다. 동굴 속에 남겨진 세마포만 보더라도 예수님의 무덤임을 알 수 있다.

마지막 가설은 '졸도설'이다. 18세기에 나온 이론으로, 예수는 십자가 위에서 죽지 않고 졸도했다가 서늘한 동굴 무덤에 들어가 있는 동안 깨어났다는 주장이다. 3일 후에 의식을 되찾았을 뿐인데 이를 두고 어리석게도 부활이라고 주장한다는 것이다. 상식적으로, 예수님이 갖은 고초를 겪고 십자가에서 피 흘리며 상처를 입은 후 3일 동안 먹지도 못하다가 어떻게 무덤의 큰 돌을 밀어내고 무장한 군병을 물리치고 나올 수 있었을까? 만일 졸도했다가 의식을 찾았다면 그 후 활동하다가 언젠가는 다시 죽었을 텐데, 제자들이 어떻게 부활의 교리를 선포하며 순교까지 할 수 있었을까?

또 앞에서 다루었지만 일반적으로 십자가 처형 후에는 혹시라도 숨이 붙어 있을까 봐 다리를 꺾는데, 예수님의 경우 죽음을 분명히 확인했기에 군병들은 다리를 꺾지 않은 상태로 시체를 십자가에서 내렸다. 늘 그 일만 하던 군병들이 오판을 했을 리 없다. 성경은 당시 예수님이 일찍 죽은 것이 이상해서 한 군병이 창으로 옆구리를 찔러 보니 피와 물이 나왔다고 증언한다(요한복음 19:34). 최근의 현대 의학이 밝힌 바로는, 피가 아니라 피와 물이 나온 것은 심장이 터졌기 때문에 피와 물이 분리된 것이라고 한다.

:: 사람들 앞에 나타난 예수

부활의 증거를 더 정확히 알기 위해서는, 빈 무덤 외에도 부활한 후 사람들에게 나타나신 예수에 대해 더 설명해야 한다. 예수님은 부활하여 각기 다른 시간과 장소에, 각기 다른 사람들에게 나타나셨다. 베드로와 야고보, 요한 등 예수님의 제자들이 모인 곳에 나타나셔서 함께 식사를 하기도 하셨다. 제자들이 부활을 믿을 수밖에 없었던 것은 그들이 실제로 부활한 예수님을 만났기 때문이다. 물론 이에 대한 반박 이론으로 제자들이 환상을 보았다고 할 수도 있다. 환상은 보통 상상력이 풍부하며 문학적인 사람들에게 잘 나타날 수 있는 극히 주관적이며 개인적인 현상이다. 그러나 어부였던 베드로, 야고보, 요한이나 세리였던 마태 등 예수님의 제자들은 그다지 학식이 많거나 문학적인 사람들이 아닌 현실적이며 단순하고 투박하기까지 한 사람들이다.

또한 이 제자들 외에 당시 500여 명이 부활하신 예수님을 일시에 본 것으로 기록되어 있다. 바울이 편지를 쓰던 시기(AD 50-60년경)에도 그 500여 명 중에 반 이상이 살아 있다고 했다. 제자들도 처음에는 부활을 의심했는데, 그 중 도마는 계속 의심하다가 나중에 예수님을 직접 만나 그 손의 못 자국을 보고서야 부활을 믿은 사람이다. 사실 예수를 세 번이나 부인했던 베드로가 무엇 때문에 자신의 목숨을 버리면서까지 기독교 신앙을 지켰겠는가? 바울이 온갖 고난과 핍박 속에서 죽음을 무릅쓰며 복음을 전하다가 순교한 이유가 어디 있겠는가? 이 모든 것은 부활이 너무나 분명한 역사적 사건이며 사실이었기 때문이다. 더구나 부활은 예수님을 잡아 처형한 예루살렘 한복판에서 일어난 사건이었기 때문에 예수의 죽음을 직접 목격했던 수많은 사람들은 부활을 받아들이지 않을 수 없었다. 결국 이 부활의 증인들은 그 후 이어진 기독교 박해 속에서 순교하는 성도들이 되었다. 이 부활의 증인이자 순교자들로부터 시작된 기독 신앙이 2000년이 넘은 지금까지 계속 이어지며 교회 공동체를 형성해 온 것이다.

예수님의 부활은 기독교의 객관적인 증거이다. 역사상 아무도 이 부활의 사실을 무너뜨릴 수 없었다. 이것은 초자연과 자연이 만난 놀라운 사건이다. 그리고 바로 여기에 하나님의 의도가 나타나 있다. 하나님은 인간에게 구원의 길을 주시려고 이를 계획하셨다. 맹목적으로 믿는 것이 아니라, 이 부활의 사실성을 받아들일 때 우리에게 믿음이 생긴다. 하나님을 믿는 것도, 믿지 않는 것도 아닌 아주 답답한 상태에서 벗어날 수 있는 것은, 부활 사건을 믿느냐 믿지 않느냐에 달려 있다.

: : 주관적 증거: 기도의 응답

하나님에 대한 주관적 증거를 갖는 일은 개인적으로 매우 중요하다. 물론 이 주관적 증거는 다른 사람들에게 설득력이 약할 수도 있다. 기도한 것이 응답되었을 때 처음에는 우연이라는 생각이 든다. 다음에 또 응답되었을 때도 그런 생각이 들 수 있다. 그러다가 계속 기도 응답을 받게 되면 더 이상 우연이라고 말할 수 없는 순간이 오고, 그 때부터 우리의 신앙이 자라게 된다. 이제 기도 응답에 대한 내 경험을 이야기하려고 한다.

나는 대학원을 마치고 스물일곱 살 늦은 나이에 군에 입대했다. 군 생활이 다 그렇듯 논산 훈련소의 경험부터 무척 힘들었다. 민첩하지 못하여 기합 받기가 일쑤였고, 잘해 보려고 노력하다가 더위를 먹어 탈진하기도 했다. 간신히 훈련을 마칠 무렵, 나는 카투사로 선발되었다. 배치 문제를 하나님께 맡겼는데 카투사로 선발되어 감사했다.

카투사는 일단 평택에서 3주간 교육을 받고 그 후에 보직에 따라 전국으로 배치된다. 그래서 이 3주 동안 카투사들의 마음은 오직 발령 문제에 집중된다. 모였다 하면 그 이야기뿐이다. 나도 예외는 아니었다. 과연 어느 곳으로 가게 될까 궁금해하면서 가고 싶은 곳을 생각해 보았다.

이 생각 저 생각 하던 중 문득 대구로 가면 좋겠다는 생각이 들었다. 군에 들어가기 전에 서울에서 한국기독학생회 간사로 2년간 일한 경험이 있었는데, 그 때만 해도 서울에는 나와 함께 일하던 간사가 10여 명이나 있었지만 대구, 부산 등 영남 지역에는 한 명의 간사도 없는 상태였다. 그래서 내가 그 곳에 가서 모임을 열면 좋겠다는 생각이 들었고, 굳이 대구를 택한 이유는 대구에 대학교가 많아 영남 지역 대학생들에게 복음을 전하기에 효과적이라고 판단했기 때문이다. 그래서 기도했다. 취침 시간이 되면 나는 몰래 일어나 앉아 간절히 요청했다. "하나님, 저는 대구에 가고 싶습니다. 군 복무 기간을 통해 영남 지역의 대학생들에게 복음을 소개하고 싶습니다. 서울에는 일할 간사도 많지만 그 곳에는 아무도 없습니다. 저를 보내 주십시오. 군대라 제 마음대로 갈 수는 없지만 하나님이 원하시면 저는 갈 수 있습니다. 전능하신 하나님, 저를 대구로 보내 주십시오. 예수 그리스도 이름으로 기도드립니다. 아멘."

기도를 시작한 뒤로 동기들과 이야기할 때마다 나는 대구로 가게 될 거라고 말했다. 매일 밤마다 기도하던 중 옆에서 자던 동기 하나가 자기도 그리스도인인데 함께 기도하겠다고 했다. 그 친구는 서울에 남기를 원했다. 우리는 취침 시간만 되면 서로를 위해 기도했다. 드디어 3주가 지나 300명의 카투사들이 잔뜩 긴장한 얼굴로 모인 가운데 배치 결과가 발표되었다. 단 세 명만이 서울에 남게 되었는데 그 친구가 포함되었다. 참으로 감사한 일이었다. 계속해서 교관이 명단을 부르는 동안 나는 긴장하지 않을 수 없었다. 드디어 내 이름이 불리면서 ○○사령부라는 소리가 들렸다. 나를 포함하여 모두 53명이 호명되었는데 그 중 한 명이 질문했다.

"○○ 사령부가 어디 있습니까?"
교관이 말했다. "대구에 있다."

순간 나는 하나님께 감사했다.
이후 나는 동대구행 기차에 몸을 실었다. 감격과 흥분 속에 대구 미군 부대에 도착하여 짐을 풀었다. 그런데 이 곳은 잠시 대기하는 곳일 뿐, 여기서 일주일 간 머물다가 다시 전국으로 흩어진다는 것을 하루가 지나고 나서야 알게 되었다. 그리고 이번 기수에서는 대구에 한 명의 자리도 없다는 인사과의 설명도 듣게 되었다. 가슴이 철렁 내려앉았다. 그러나 이렇게 물러날 수 없다고 생각했고, 다시 기도하기 시작했다. 당번을 자원하여 막사를 지키면서까지 간구했다. "전능하신 하나님, 여기까지 와서 다른 곳으로 갈 수는 없습니다. 상부에서는 이번에 아무도 대구에 남을 수 없다고 하지만 당신이 원하시면 저는 남을 수 있습니다. 대구에 남아 대학생들을 도울 수 있도록 은혜를 베풀어 주십시오…아멘."

일주일 후 보직 발령이 있었다. 2명의 군악대 특기자 외에 단 한 명만이 대구에 남게 되었다. 그리고 그 사람이 바로 나였다. 동기들은 수군거렸다.

"저 녀석은 군에 들어오기 전부터 빽이 있었어. 자기는 대구에 남을 거라고 우리에게 몇 번이나 말하더라고."

'빽은 무슨 빽이냐? 하나님의 은혜지.' 나는 중얼거렸다.

대구에서의 카투사 생활은 쉽지 않았다. 처음 배치받은 곳은 식당이었는데, 새벽에 일어나 식사 준비를 하고 저녁 늦게까지 저녁 식사 뒤처리를 해야 했다. 하루 종일 서서 일하는 것보다, 또 성품이 좋지 않은 흑인 병사들에게 괴롭힘을 당하는 것보다 더 힘든 것은, 캠퍼스를 방문할 시간이 없다는 사실이었다. 다른 카투사들은 5시면 끝나 개인 생활을 할 수 있는 반면에 나는 저녁 식사 후 7시,

혹은 8시가 되어야 식당일을 마칠 수 있었다. 그 시간에는 대학을 방문할 수도, 학생들을 도울 수도 없었다. 한 달쯤 지나 고참이 찾아왔다.

"너 힘들지 않냐? 옮겨 줄 테니 윗사람들에게 인사해라."
"네, 하겠습니다."

그러나 알고 보니 이 '인사'의 의미는 윗사람에게 돈을 쓰라는 뜻이었다. 내 앞의 전임자도 돈을 써서 나갔다는 것이다. 그러나 나는 그렇게 할 수 없었고 고참에게 정중하게 거절했다.

"너는 제대할 때까지 계속 식당 근무만 할 줄 알아라. 절대 바꿔 주지 않겠다."

고참은 화를 냈고, 그 때부터 윗사람은 나를 가만두지 않았다. 미움받는 것은 물론이고 여러 번 있었던 보직 변동의 기회에서도 여지없이 제외되었다. 식당 일은 여전히 힘들기만 했다. 그리스도께서 남을 섬기라고 했으니 힘든 일은 기쁘게 견딜 수 있었지만, 대구의 수많은 대학생들을 떠올리면 마음이 안타까웠다. 그래서 다시 기도하기 시작했다. "주님, 저의 보직을 바꿔 주십시오. 이왕에 대구로 오게 되었는데 이렇게 3년을 보낼 수는 없습니다. 대구의 대학생들을 도울 수 있는 기회를 주십시오.…아멘."

나는 늘 기도했다. 보직이 바뀌게 해 달라고, 그리고 보직이 바뀌어도 군인은 영외로 나갈 수 없기 때문에 매일 밖으로 외출이 가능하게 해 달라고도 기도했다. 이 기도 제목과 함께 한 가지를 더 기도했는데, 그것은 12월 수련회에 참석할 수 있게 해 달라는 것이었다.

첫째, 보직이 바뀌는 것
둘째, 매일 외출이 가능할 것
(그 때 당시는 3주에 한 번 외출이 가능했다)
셋째, 12월에 열리는 수련회에 참석할 수 있도록 휴가 받는 것

결국 하나님의 은혜로 황금 연휴인 12월 23일부터 1월 4일까지 휴가를 받아 수련회에 참석할 수 있었다. 그 수련회에서 경북대 의과 대학의 신우회 임원단을 만나게 되었다.

"우리 신우회 모임을 도와주세요. 역사는 오래 되었지만 아직도 약합니다. 간사님이 오시면 많은 도움이 될 겁니다. 내년 3월 개강 때부터 꼭 와 주십시오."

"저도 가고 싶습니다. 그러기 위해서는 5시에 일과를 끝내고 밖으로 매일 나갈 수 있도록, 보직 이동과 패스를 위해 기도해 주십시오."

나는 그들에게 내 사정을 다 이야기하고 기도를 부탁했다. 그들은 기도하겠다고 약속했다. 수련회 이후로 나는 하나님께 더욱 매달렸다. 혹 외출하고 돌아오는 길이면 부대 입구에서 막사까지 15분 거리의 아스팔트 길을 걸으며 하나님께 큰 소리로 외쳤다. 아무도 없는 호젓한 밤길이었다.

"하나님, 저를 도와주십시오. 제가 대학을 방문해서 학생들을 도울 수 있는 기회를 주세요. 그러기 위해서는 보직이 바뀌어야 합니다. 위에서는 절대로 바꿔 주지 않는다고 합니다. 벌써 여러 번 길이 막혔습니다. 그러나 전능하신 하나님이 원하시면 보직은 바뀔 수 있습니다. 위에서 아무리 막아도 하나님이 원하시면 저는 나갑니다. 또한 패스가 나와서 매일 외출할 수 있게 해주십시오. 그래서 언젠가 이 길을 걸으며 하나님이 이 기도를 들으시고 응답하신 것을 감사하며 찬양하게 해주십시오.…아멘."

나는 어두운 밤하늘을 보며 울면서 전능하신 하나님께 간절히 요청했다. 2월의 중반을 지나던 어느 날, 갑자기 미군 중대장이 카투사들을 집합시켰다. 빠른 영어라 잘 알아듣지 못했지만 대강 이런 내용이었다.

"패스를 나누어 줄 테니 근무 후에는 매일 외출해도 좋다. 단 근무 시간에 더 성실하게 일하기 바란다."

하나님 덕분인지도 모르고 환호를 지르는 카투사들 속에서 나는 패스를 손에 꼭 쥐고 기도했다. 기도를 시작한 지 7개월 만이었다. "하나님 감사합니다. 제 기도를 들어주셨습니다. 그런데 저 군인들이 밖에 나가 술 먹고 사고 치면 다시 패스를 반환해야 할지도 모르는데, 그런 일이 없도록 도와주시기 바랍니다. 전 제대할 때까지 이 패스를 반환할 수 없습니다."

놀랍게도 나는 제대할 때까지 그 패스를 지닐 수 있었다.

이제 보직이 바뀔 일만 남았다. 그러나 상부에서 막고 있어서 나에게는 기회가 돌아오지 않았고, 나는 계속 기도할 따름이었다. 그러다가 3월 8일 정말 극적으로 보직이 바뀌었다. 3월 12일 경북 의대를 처음 방문하던 날 교문에 들어설 때의 감격이란 이루 말할 수 없었고, 학생들도 무척 기뻐했다. 드디어 대구 지역 대학생 모임이 시작된 것이다! 8개월 동안 이 시간을 위해 기도했는데 결국 개강에 맞추어 하나님이 놀라운 은혜로 나를 내보내 주신 것이다. 그래서 기쁜 마음으로 대학생들을 섬기기 시작했다.

5월에 서울의 중앙 사무실에서 연락이 왔다. 8월에 의대생들을 대상으로 하는 전국적인 수련회가 부산에서 개최되는데 내가 강사로 왔으면 한다는 것이었다. 팸플릿을 미리 만들어야 하기 때문에 참석할 수 있다면 사진과 약력을 보내 달라고 했다. 가고 싶은 마음은 간절했으나 당시 일병인 나로서는 쉽게 승낙하기가 어려웠다. 나는 망설이다가 만약 내가 참석할 수 있도록 기도해 준다면 가는 것으로 하겠다고 답하면서 사진과 약력을 보냈다. 그랬더니 서울 사무실에서는 팸플릿을 만들면서 나를 강사로 소개해 놓았다. 그리하여 나는 영락없이 8월에 강사로 가야만 했다. 그 때부터 8월 수련회에 갈 수 있도록 기도하기 시작했다.

6-7월경, 서울에서 대학원에 다니다가 카투사에 온 한 형제를 만났는데, 그는 고등학교 때까지 신앙 생활을 하다가 대학 시절에 신앙을 버렸다고 했다. 그러면서 나에게 하나님이 계시다는 증거가 무엇이냐고 물었다. 나는 그에게 두 가지 증거, 즉 객관적 증거인 예수님의 부활과 주관적 증거인 기도의 응답에 대해 설명했다. 그러면서 내가 군에 와 기도해서 대구에 남게 된 것, 지난 해 12월에 수련회에 참석한 것, 패스가 풀린 것, 보직이 바뀐 것, 정기적으로 대학교를 방문해 기독 모임을 돕고 있다는 이야기를 했고, 앞으로 8월에 부산에서 개최될 수련회에 비록 일병 신분이지만 참석하려고 기도 중이라고 말했다. 내 이야기를 조용히 듣던 그 형제는 고개를 저으며 수련회에 가는 일은 불가능하다고 했다. 그는 인사과에 근무하고 있던 터라 누구보다 이런 상황에 대해 잘 알고 있었던 것이다. 그러나 나는 반문했다.

"만약 내가 수련회에 가게 된다면 어떻게 하겠습니까?"

그가 대답했다. "만약 박영덕 씨가 정말 8월 수련회에 참석하게 된다면, 나도 하나님이 계심을 인정하고 교회에 나가겠소."

"정말이요? 좋습니다. 제가 그 수련회에 참석하게 되면 꼭 교회에 가셔야 합니다. 약속하셨습니다."

말은 그렇게 했지만, 당시 일병인 나로서는 대책이 있을 리 만무했다. 다만 기도할 뿐이었다. "하나님, 이것은 제가 수련회에 가고 안 가는 문제를 넘어 귀한 한 영혼의 일생이 달린 문제입니다. 그를 자비롭게 여기셔서 이번 기회에 주를 믿게 해주세요. 이미 팸플릿에 제가 강사로 가는 것으로 나와 있는데…. 주님, 저를 도와주십시오. 꼭 갈 수 있게 도와주세요.…아멘."

그러던 중 부대에 대구 지역 모범 사병 선발 대회가 있어 상부에서 참여하라는 지시가 내려졌고, 이 명령에 따라 응시하였는데 어쩌다 보니 내가 뽑히게 되었다. 처음에는 그다지 대수롭지 않게 여겼는데 들려오는 말이 대구 지역 모범 사병으로 뽑힌 사람은 우리 사령부 선발 대회에 나가게 되고 거기서 3등이 되면 3-4일간 휴가를 얻을 수 있다는 것이다. 귀가 번쩍 뜨였다. '혹 이렇게 해서 8월 수련회에 갈 수 있지 않을까?' 그런데 좀더 알아보니 1등이나 2등으로 뽑히면 의무적으로 10월에 있을 전국 카투사 선발 대회에 후보로 나가야 한다고 했다. 그래서 나는 선발 대회에서 1, 2등이 아니라 반드시 3등을 해야만 했다. 그런데 어떻게 해야 3등을 할 수 있을까? 어느 정도 틀려야 하는가? 참 난처했다. 그래서 하나님께 기도했다. "하나님, 제가 8월에 있을 의대생 수련회에 가야 하는데 이번 전국 대회에 나가 꼭 3등을 하게 해주십시오."

그 때부터 나는 수시로 기도하며 하나님께 간절히 매달렸다. 드디어 선발 시험을 치렀고 결국 나는 3등을 했다. 참 감사한 일이었다. 며칠간의 휴가 외에도 부대의 배려로 총 8박 9일의 포상 휴가를 얻어 부산 수련회에 참석할 수 있었다. 당연히 수련회 참석이 불가능하다고 확신했던 그 형제는 나와 함께 부대에 있는 교회에 나가게 되었다.

부산 수련회에 갔더니 그동안 함께 기도해 주었던 많은 학생들이 좋아했고, 나 역시 감사한 마음으로 강의를 잘 할 수 있었다. 그리고 수련회 중에 서울에서 내려온 어떤 간사님이 한 자매의 소식

을 알려 주었다. 전에 교제를 하려고 알아보던 중에 사귀는 형제가 있다 하여 더 이상 알아보기를 포기했던 자매가 있었는데 최근에 그 자매가 형제와 헤어졌다는 소식이었다. 게다가 그 간사님이 부산에 내려오기 바로 전에 내가 그 자매를 마음에 두고 있다는 말을 당사자에게 직접 전했다는 말도 덧붙였다. 순간 나는 당황했다.

"아니, 간사님도…. 그런 이야기를 하면 어떡합니까? 내가 속으로만 생각한 것인데요."

왠지 부끄럽고 쑥스러웠다. '내가 없을 때 그런 이야기를 하다니….' 당장이라도 그 자매를 만나 봐야겠다는 마음이 들었다. 그런데 수련회 중이니 어떻게 하겠는가? 그래서 또 기도를 시작했다.

"하나님, 왠지 부끄럽습니다. 당장이라도 서울에 올라가 그 자매를 만나야 할 것 같은데, 지금은 수련회 중이라 시간을 낼 수 없습니다. 기회를 주십시오. 9월 6일부터 간사 수련회가 서울에서 열리는데 그 수련회에 참석했다가 저녁에 자매를 만날 수 있기를 바랍니다.…"

이미 포상 휴가를 받아 쓴 상태이기 때문에 연이어 휴가를 받는다는 일은 불가능했다. 그러나 나는 답답한 마음에 하나님께 매달렸다. 꼭 서울에 가서 이 문제를 마무리 짓기 원했다. 수련회를 마치고 부대에 돌아와서 다시 열심히 주어진 일을 해나갔다. 하루는 휴일이라 쉴 수 있었지만 일이 많아 사무실에 남아 작업을 했는데, 책임자가 우연히 이 사실을 알고 나를 좋게 생각하여 위로 휴가를 주었다. 9월 6일부터 9일까지 서울에 가게 되었다. 부대에서는 처음 있는 일이었다. 당시 부대에서는 '도대체 저 놈은 누구길래 저렇게 다닐 수 있지?' 하고 말이 많았다고 한다. 서울에 가서 수련회도 참석하고 그 자매도 만났다. 그 후 일련의 과정을 거쳐 나중에 그 자매와 결혼했다.

9월부터는 경북 의대 외에도 영남 의대와 계명 의대를 돕게 되었다. 세 대학을 돌보는 일은 군인인 나에게 매우 벅찬 일이었다. 근무를 마치고 남은 시간에 설교를 준비해야 하므로 시간이 절대적으로 부족했다. 도무지 시간이 나지 않아 식사를 거르고 설교를 준비한 적도 많았다. 어떤 때에는 20분밖에 설교를 준비하지 못한 적도 있었다. 그러고나서 학생들 앞에 섰을 때의 그 낭패감이란 이루 말할 수가 없었다. 그런 식으로 한 학기를 보낸 후 나는 하나님께 간구했다.

"하나님, 설교할 시간을 주십시오. 이렇게는 더 이상 못하겠습니다. 준비 못 하고 가는 일이 없도록 시간과 여건을 허락해 주십시오…"

마침내 전능하신 하나님의 도우심으로 나는 제대를 앞두고 3월부터 7월까지 거의 부대 일을 하지 않고 온전히 설교 준비하는 데 시간을 쓸 수 있게 되었다.

물론 이 외에도 나는 군대에서 살아 계신 하나님으로부터 많은 기도 응답을 받았다. 우연이라고 생각하는 사람도 있을 수 있겠지만, 적어도 나로서는 이런 사건들을 통해 하나님이 살아 계신 분이라는 강한 확신을 갖게 되었다.

5장... 구원을 향한 첫걸음

구원이란 자신이 죄인임을 인정하고 하나님께로 돌아오는 것이다.
가출한 청소년이 집으로 돌아오는 것처럼,
하나님을 떠났던 인간이 하나님 품에 안기는 것, 그것이 구원이다.
구원에는 두 단계의 절차가 있다. 바로 회개와 믿음이다.

차마 신이 없다고 말하기 전에 122

구원이란 무엇일까?

구원이란 자신이 죄인임을 인정하고 하나님께로 돌아오는 것이다. 가출한 청소년이 집으로 돌아오는 것처럼, 하나님을 떠났던 인간이 하나님 품에 안기는 것, 그것이 구원이다. 구원에는 두 단계의 절차가 있다. 바로 회개와 믿음이다.

"회개하고, 주 예수를 믿으라"(사도행전 2:38; 16:31).

회개

회개란 하나님께 불순종하며 자기 멋대로 살아온 것과 지금까지 지은 죄에 대해 하나님께 용서를 구하는 것이다. 음란, 거짓, 잘난 체한 것, 시기, 질투, 미움 등 기억하기조차 힘든 죄들을 고하고 죄를 짓지 않겠다고 다짐하며 삶의 방향을 바꾸는 것, 그것이 회개다.

주 예수를 믿으라

회개한 다음에는 주 예수님을 믿어야 한다. 주 예수가 십자가에 달리신 것이 나의 죄를 대신 용서하기 위함이었음을 받아들이기로 결정해야 한다. 이것이 예수를 믿는 것이다. 역사의 'BC'와 'AD'를 가르며 이 땅에 실제로 오셨다가, 많은 고난을 당한 후에 십자가에 달리시고, 죽음에서 부활하신 예수 그리스도를 '나의 구세주'로 믿는 것이다.

동시에 이제는 그분이 나의 삶을 인도할 주인이 되심을 인정하는 것이다. 그 동안 내 마음대로, 내 욕심대로, 내가 하고 싶은 대로 살아왔지만 이제는 삶의 고삐를 그분께 내어 드리는 것이다. 두렵고 떨릴지 모르지만 지금까지 가졌던 가치관을 포기하고 무너뜨려야 한다. 그의 뜻을 따르기로 결정하고 그가 원하는 대로 진실하게 살아야 한다. 그분이 원래 의도하신 대로 우리를 빚어 가시고 우리를 인도하실 것을 신뢰해야 한다.

이제 마음이 결정되면 생애 처음으로 이렇게 고백하라. "나는 예수님 당신을 나의 주님으로 모시겠습니다." 예수를 주로 고백하면 구원을 받으며 영생을 얻게 된다. 그 순간 당신은 원래의 모습 그대로, 하나님의 자녀로 회복된다. 그것이 바로 영생이다. 여기에는 허무가 있을 수 없다. 네로의 박해에도 불구하고 편안히 죽음을 맞이하고 자신을 죽이는 자를 축복할 수 있었던 초대 그리스도인의 사랑의 원천이 바로 여기에 있다.

그래도 주저될 때

1. "믿고 싶은데 잘 안 된다"

'믿고 싶은데 잘 안 된다'는 말을 많이 듣는데, 믿고 싶으면 믿으라. 그냥 믿으면 된다. 감정의 흐름이 있어야 믿을 수 있다고 생각하는데 실제는 그렇지 않다. 의지의 결정이 있으면 된다. "나는 예수의 부활을 받아들이겠다. 우연이라고 믿지 않겠다." 의지적으로 결정하는 것이 바로 믿는 것이다. 믿고 싶은 마음이 든다는 것 자체가 얼마나 놀라운 일인가? 믿고 싶다면 믿을 수 있다.

2. "나중에 믿겠다"

복음을 들은 지금이 좋은 기회다. 나중에 믿겠다는 것은 결단을 미루는 것이지 해결책은 아니다. 어떤 중요한 계획이라도 있는가? 특별한 계획이 있어 그것이 끝날 때까지 기다린다면 몰라도, 막연한 심정으로 지연시키는 것은 참으로 안타까운 일이다. 더구나 우리는 1분 앞에 펼쳐질 일조차 미리 내다볼 수 없는 한계를 지닌 인간이다. 앞날이 어떻게 될지 모른다. 살아 있을 때, 기회가 주어질 때 믿어야 한다.

그리고 중요한 것은, 나중에 믿으면 억울하다는 사실이다. 만일 기독교가 참 진리이고 나를 지으신 하나님이 살아 계시다면, 그 하나님이 나를 이 땅에 왜 보내셨는지 알아야 남은 삶을 그 목적에 맞추어 살아갈 수 있고 더 이상 허무하지 않다. 또 신앙 생활이 주는 기쁨을 만끽할 수 있으므로 늦게 믿는다는 것은 그만큼 손해다. 앞에서도 했던 말이지만, 이왕 결혼하려면 20-30대의 젊은 나이에 하는 것이 낫다. 70세에 결혼할 수도 있지만 그럴 때 사랑하는 배우자와 함께 자녀를 키우며 누리는 결혼 생활의 기쁨은 얻을 수 없다.

3. "아직까지 잘 모르겠다"

이것도 하나의 함정이 될 수 있다. 기독교에 대해 속속들이 다 알고 나서야 믿을 수 있는 것은 아니다(물론 다 알면 좋겠지만 시간이 많이 걸린다. 깨닫게 하시는 성령의 도움을 구해야 한다). 성경은 우리가 평생 공부해야 하지만 지금은 예수 그리스도만 분명히 알고 믿으면 된다. 우리는 아는 범위 내에서 얼마든지 믿고 구원받을 수 있다.

4. "믿고 나서 죄 지으면 어쩌나?"

믿고 나서도 죄를 지을 수 있다. 그럴 때마다 회개해야 한다. 아기는 태어나서 걸음마 단계를 거쳐야 한다. 넘어질까 봐 아예 걷는 것 자체를 포기하면 그 아이는 끝까지 걸을 수 없다. 오히려 넘어지면서 조금씩 걷는 법을 배우게 된다. 가출한 아이가 돌아와서 부모 말을 안 들을 때도 있다. 그러나 돌아왔다는 그 사실이 중요하다. 예수님을 믿고 나서 잘못을 범할 수 있지만 잘못을 깨달을 때마다 회개하라. 신앙을 갖고 나서 차츰 죄와 싸워 이기는 과정에서 우리는 점점 더 깨끗하고 거룩한 사람이 될 것이다.
　당신은 목욕탕에 갈 때 어떤 마음으로 가는가? 목욕탕 주인 보기가 민망한가? 그가 '저 사람은 1주일 전에도 왔는데 또 오네? 그렇게 몸이 더러운가?' 하는 눈빛으로 당신을 본다고 생각하는가? 그래서 부끄러운 마음에 목욕탕 주인을 똑바로 쳐다보지 못하고 슬그머니 들어가는가? 아니다. 우리 몸에 때가 생기는 것처럼 인간이 죄를 짓는 것은 자연스러운 현상이다. 그 때마다 하나님께 솔직히 용서를 구하라.

5. "나보고 믿으라고?"

　'그래도 그렇지. 내가 어떻게 믿을 수 있을까? 도대체 말이 안 된다'라고 생각할 수 있다. 그런데 많은 사람들이 그렇게 하다가 그리스도인이 되었다. '내가 어떻게 믿을 수 있겠는가?'라고 생각한다면 '무엇을 근거로 믿지 않겠다는 것인가?'라는 질문도 던져 보아야 한다. 어차피 중립이란 있을 수 없다. 둘 중 하나다. 감정의 차원을 떠나서 엄숙하게 자신이 결정해야 할 문제다.

결단과 기도

예를 하나 들어 보겠다. 어느 날 동해안에 전 세계 사람이 모여 헤엄을 치게 되었다. 목적지는 하와이 섬이다. 나도 바다에 뛰어들어 헤엄을 치는데 100미터쯤 가고 나니 더 이상 갈 수가 없다. 이러다가 죽는 것이 아닌가라는 생각이 들기도 한다. 그런데 옆에서 박태환 수영 선수가 헤엄을 치고 있다. 그를 바라보면서 나는 생각한다. '저 사람은 물개처럼 헤엄을 잘 치니까 끝까지 갈 것이다. 그런데 나는 어떤가? 겨우 100미터밖에 못 가고 죽을 수밖에 없다니…'

옆에서 헤엄치던 박태환 선수는 그런 나를 한심하게 바라볼지 모른다. 그러면서 자기 자신은 끝까지 갈 수 있을 것처럼 힘 있게

5장 구원을 향한 첫걸음 129

팔을 뻗을지 모른다. 하지만 그 역시 하와이에 도달하지 못하고 죽을 수밖에 없다. 태평양을 헤엄쳐 건너갈 사람은 어디에도 없기 때문이다. 그런데 갑자기 큰 배가 나타난다. 배 안의 스피커에서 이런 소리가 들린다. "여러분이 아무리 헤엄을 잘 쳐도 하와이까지 갈 수 없습니다. 이 배를 타십시오."

그래서 나는 배에 올라탄다. 하와이라는 목표점에 도달할 수 있는 길은 헤엄을 잘 치는 것이 아니라 배에 타는 것이다.

이 배가 바로 그리스도다. 그리스도의 십자가 공로만이 우리를 천국으로 옮길 수 있다. 하나님이 우리에게 제시하신 기준은 매우 높다. 온전하고, 죄가 없어야만 한다. 그러므로 연약한 인간은 도저히 이룰 수 없다. 바울은 자신의 연약함을 두고 이렇게 통곡했다. "아, 나는 비참한 사람입니다!" 박태환 선수는 가능하고 나는 그렇지 못할 것이라고 상대적으로 비교하기 쉽지만, 우리 생각과 관계없이 인간이라면 누구나 배를 얻어 타지 않는 한 죽게 되어 있다.

먼저 그리스도인이 된 사람의 마음은, 마치 거지가 잔칫집에 가서 잘 얻어먹고 다른 거지에게 먹을 것이 있는 집을 가르쳐 주는 마음과 같다. 예수님께 가면 만족이 있고 기쁨이 있으며 평안이 있다. 풍성한 삶, 영생을 누릴 수 있다.

이제 당신이 원한다면 믿을 수 있다. 지금까지 어떤 모습으로 살아왔든지 이 순간의 결정은 영원한 생을 결정지을 만큼 중요하다. "저도 이제 그리스도인이 되겠습니다. 앞으로 남은 생이 얼마나 될지 모르지만 하나님을 믿기로 작정하고 당신께 나아가겠습니다. 십자가 앞에 나아가겠습니다"라고 기도하라. 성경은 사람이 마음으로 믿어 의에 이르고 입으로 고백해서 구원에 이른다고 하였으므로(로마서 10:9, 10) 소리 내어 기도해 보라.

"이전에 하나님을 알지 못하고 하나님 없이 살았지만 이제 하나님 앞에 나아갑니다. 제가 죄인임을 인정합니다. 지난 날 저의 죄와 허물을 자백하오니 용서해 주십시오. 예수님께서 내 죄로 인해 돌아가신 것만 바라보고 의지합니다.

주 예수님, 이제는 제 욕심대로, 제 뜻대로 살지 않고 당신의 뜻에 맞추어 순종하며 살겠습니다. 제 삶이 다할 때까지 저를 인도하시고 동행해 주십시오. 예수 그리스도 이름으로 기도드립니다. 아멘."

이후에 할 일들

❶ 가장 먼저, 믿을 만한 신앙의 친구를 만나 도움을 얻으라.

❷ 성경대로 말씀을 잘 가르치는 교회에 출석하라.

❸ 그리스도인 친구들의 소개를 받아 기독교 모임에 참여하라
(학교 기독 동아리나 직장 신우회).

❹ 경건의 시간을 가지는 법과 기도하는 방법을 배우고 성경 연구와 신앙 서적 읽기, 전도에 힘쓰라.

읽어야 할 책들

- 구원받은 이후에(박영덕, 생명의말씀사)
- 구원이란 무엇인가(김세윤, 두란노)
- 기독교의 기본 진리(존 스토트, 생명의말씀사)
- 나는 왜 그리스도인이 되었는가?(존 스토트, IVP)
- 내가 알지 못했던 예수(필립 얀시, IVP)
- 도피하는 현대인(마이클 그린, 생명의말씀사)
- 빛이 있는 동안에(미우라 아야꼬, 지성문화사)
- 신을 모르는 시대의 하나님(강영안, IVP)
- 예수님의 부활(마이클 그린, 생명의말씀사)
- 이래서 믿는다(폴 리틀, 생명의말씀사)
- 톰 라이트와 함께하는 기독교 여행(톰 라이트, IVP)

차마 신이 없다고 말하기 전에

초판 발행_ 1993년 4월 1일
초판 52쇄_ 2008년 11월 20일
개정판 발행_ 2009년 3월 23일
개정판 19쇄_ 2024년 7월 1일

지은이_ 박영덕
펴낸이_ 정모세

펴낸곳_ 한국기독학생회출판부
등록번호_ 제2001-000198호(1978.6.1)
주소_ 04031 서울시 마포구 동교로 156-10
대표 전화_ (02)337-2257 팩스_ (02)337-2258
영업 전화_ (02)338-2282 팩스_ 080-915-1515
홈페이지_ http://www.ivp.co.kr 이메일_ ivp@ivp.co.kr
ISBN 978-89-328-1106-2

ⓒ 박영덕 2009

책값은 뒤표지에 있습니다.
무단 전재와 복제를 금합니다.